DEUTSCH IM HANDUMDREHEN

Der Alltagswortschatz in Bildern und Sätzen.
Einfach Deutsch mitreden.

von Tien Tammada

PONS Langenscheidt GmbH
Stuttgart

Vorwort

In fremde, ferne Länder zu reisen, ist eine wunderbare, herrliche Sache. Auf der Liste der schönsten Dinge für alle Menschen steht das Reisen wahrscheinlich an erster Stelle.

Doch vor jeder Reise in die Fremde steht die Hürde einer neuen Fremdsprache. Für viele Menschen scheint es unüberwindbar, sich auf das Erlernen einer neuen Fremdsprache einzulassen.
Dabei ist es gar nicht so schwer eine neue Sprache zu lernen und sich damit neue Möglichkeiten zu erschließen.

Ganz egal, ob es dein Ziel ist, eine Urlaubswoche im zauberhaften Deutschland zu verbringen, ob du gerne mit einem Menschen aus Deutschland flirten möchtest oder zum richtigen Zeitpunkt erkennst, dass ein anderer mit dir flirtet (wer weiß, vielleicht verpasst du in solch einem Augenblick gerade die Gelegenheit, deinen Traumprinzen oder deine Traumprinzessin fürs Leben zu finden), oder ob du einen kompletten Neuanfang in Deutschland planst, warte nicht, bis du den ersten Schritt auf diesem Weg machst.

Lass dich nicht davon abhalten, deinem Herzenswunsch zu folgen. Trau dich und triff die Entscheidung, dich der deutschen Sprache zu stellen.
Jetzt und sofort!

Sobald du deine Herzensentscheidung getroffen hast Deutsch zu lernen, steht dir dieses Buch für den ersten Schritt zur Seite. Du brauchst nach diesem Entschluss nicht sofort einen Sprachkurs zu belegen oder dich mit komplizierter Grammatik zu beschäftigen.

Alle, die schon einmal eine Sprache gelernt haben und sie gut beherrschen, wissen, dass es am wichtigsten, am allerschnellsten und am einfachsten ist, ins kalte Wasser zu springen. Wenn du erst einmal angefangen hast, läuft es wie von selbst.

Dieses Buch, mit seinen passenden Bildern, Illustrationen, Wortzusammenstellungen und wertvollen Sätzen hilft dir einen schnellen Einstieg zu finden. Schlage bei den ersten Sprachhürden auf deiner Reise das passende Kapitel auf und dort wirst du die wichtigsten Sätze und Begriffe finden.

Wenn du dein Gehirn auf mehreren Ebenen ansprichst, reagiert es wacher und interessierter. Wenn du nur liest, bleibt es auf einer Ebene und das Lernen ist daher mühsam. Das Erlernen der Fremdsprache wird dir leichter fallen, wenn du selbst aktiv wirst. Du arbeitest dann auf mehreren Gedächtnisebenen und kannst dir die gelernten Vokabeln besser und nachhaltiger merken.

Zusätzlich habe ich in das Buch eine kleine Hilfe für dich eingebaut.
Du siehst bei jeder deutschen Vokabel eine Linie. Diese Linie ist für dich, du kannst sie ausfüllen: Schreibe wie das Wort in deiner Muttersprache heißt.

Auf dieser Linie kannst du alles notieren, was dir hilft, das Wort in Zukunft nicht mehr zu vergessen. Hier ist Platz für deine individuellen Gedankenstützen und Eselsbrücken, hier können Wörter aus dem gleichen Themenbereich ihren Platz finden. Notiere besondere Hinweise auf Stolpersteine bei der Wortbildung oder Aussprache oder mache dir Notizen zu besonders komplizierten Schreibweisen. Kurzum: Nutze die freie Zeile, um das Buch zu deinem ganz persönlichen zweisprachigen Nachschlagewerk zu machen.

Die einheitliche Farbgebung der Wörter und Lautschriftzeichen erleichtert die Zuordnung von Wort und Lautschrift und damit das Erlernen der Fremdsprache. Die Erklärung zu den verwendeten Farben findest du auf der Innenseite des hinteren Buchumschlags.

Wenn es mit der Aussprache noch nicht hundertprozentig klappt, kannst du mit dem Zeigefinger auf das Bild oder den danebenstehenden Satz tippen und dich sofort verständlich machen. So einfach und so schnell ist es, denn dieses Buch heißt:

Deutsch im Handumdrehen.

Inhalt

Alltagssätze, Alltagsschätze

[ˈalˌtaːks ˈzɛt͡sə ˈalˌtaːks ˈʃɛt͡sə]

Begrüßung

[bəˈgryːsʊŋ]

....

Hallo!	Guten Morgen!	Guten Tag!	Guten Abend!
[haˈloː]	[ˌguː.tən ˈmɔrgn̩]	[ˌguː.tən ˈtaːk]	[ˌguː.tən ˈaː.bənt]
....	....	....	....

Wie geht es Ihnen?/ Wie geht es dir?

[viː geːt ɛs ˈiːnən / viː geːt ɛs diːɐ̯]

....

Es geht mir gut, danke.

[ɛs geːt miːɐ̯ guːt ˈdaŋkə]

....

Ja.	Nein.
[jaː]	[naɪ̯n]
....	....

Danke.	Vielen Dank.	Gern geschehen.	Mit Vergnügen.
[ˈdaŋkə]	[ˈfiːlən ˈdaŋk]	[gɛrn gəˈʃeːən]	[mɪt fɛɐ̯ˈgnyːgn̩]
....	....	....	....

Ich heiße ....
[ɪç ˈhaɪ̯sə]

Wie heißen Sie / heißt du? ....
[viː ˈhaɪ̯sn̩ ziː haɪ̯st duː]

Sehr erfreut. ....
[zeːɐ̯ ɛɐ̯ˈfrɔɪ̯t]

Ich komme aus England. ....
[ɪç ˈkɔmə aʊ̯s ˈɛŋlant]

Ich spreche kein Deutsch. ....
[ɪç ˈʃprɛçə kaɪ̯n dɔɪ̯tʃ]

Ich spreche ein bisschen Deutsch. ....
[ɪç ˈʃprɛçə aɪ̯n ˈbɪsçən dɔɪ̯tʃ]

Könnten Sie / Könntest du das ....

bitte wiederholen? ....
[ˈkœntn̩ ziː ˈkœntəst duː das
ˈbɪtə ˌviːdɐˈhoːlən]]

Könnten Sie / Könntest du bitte ....

etwas langsamer sprechen? ....
[ˈkœntn̩ ziː ˈkœntəst duː
ˈbɪtə ˈɛtvas ˈlaŋˌzaːmɐ ˈʃprɛçn̩]

Entschuldigen Sie bitte, wie komme ich nach...?

[ɛntˈʃʊldɪgn ziː bɪtə viː ˈkɔmə ɪç naːx]

....

Was bedeutet das? ....
[vas bəˈdɔɪ̯tət̩ das]

Was ist das? ....
[vas ɪst das]

Wie bitte? ....
[viː ˈbɪtə]

Entschuldigung! ....
[ɛntˈʃʊldɪɡʊŋ]

Das tut mir sehr leid! ....
[das ˈtu:t mi:ɐ̯ ˈze:ɐ̯ lait]

Kein Problem. ....
[kaɪ̯n proˈbleːm]

Macht nichts! ....
[ˈmaxt ˈnɪçts]

Können Sie mir helfen? ....
[ˈkœnən̩ ziː ˈmi:ɐ̯ ˈhɛlfn̩]

Wo bin ich? ....
[voː bɪn ɪç]

Ich hätte gern... ....
[ɪç ˈhɛtə gɛrn]

Wie viel kostet das? ....
[viː fiːl koːstət das]

Ich mag das. ....
[ɪç maːk das]

Ich mag das nicht. ....
[ɪç maːk das nɪçt]

So lala. ....
[ˈzoː ˌlaˌla]

Wunderbar! ....
[ˈvʊndɐbaːɐ̯]

Hervorragend! ....
[hɛɐ̯ˈfoːɐ̯ˌraːgn̩t]

Einen Moment, bitte. ....
[ˈaɪ̯nən moˈmɛnt ˈbɪtə]

Einen Augenblick, bitte. ....
[ˈaɪ̯nən aʊ̯gn̩ˈblɪk ˈbɪtə]

gut ....
[guːt]

sehr gut ....
[zeːɐ̯ guːt]

schlecht ....
[ʃlɛçt]

sehr schlecht ....
[zeːɐ̯ ʃlɛçt]

viel ....
[fiːl]

wenig ....
[ˈveːnɪç]

ein bisschen ....
[aɪ̯n ˈbɪsçən]

Ich habe Hunger. ....
[ɪç ˈhaːbə ˈhʊŋɐ]

Ich habe Durst. ....
[ɪç ˈhaːbə ˈdʊrst]

Wer? ....
[veːɐ̯]

Was? ....
[vas]

Wo? ....
[voː]

Wann? ....
[van]

Warum? ....
[vaˈrʊm]

Wie? ....
[viː]

Wie viel(e)? ....
[viː fiːl(ə)]

Wie lange? ....
[viː ˈlaŋə]

Bis bald! ....
[bɪs balt]

Bis später! ....
[bɪs ˈʃpɛːtɐ]

Bis morgen! ....
[bɪs ˈmɔrgn̩]

Auf Wiedersehen!

[aʊ̯f ˈviːdɐˌzeːən]

....

Tschüss!

[tʃyːs]

....

der Flughafen ....
[deːɐ̯ ˈfluːkhaːfn̩]

Wo ist die Passkontrolle? ....
[voː ɪst diː ˈpaskɔnˌtrɔlə]

Das Flugzeug

[das ˈfluːkˌt͡sɔɪ̯k]

Entschuldigung, wie komme ich zum Stadtzentrum?
[ɛntˈʃʊldɪɡʊŋ viː ˈkɔmə ɪç tsʊm ˈʃtatˌt͡sɛntrʊm]

....

Wo ist der Bahnhof?
[voː ɪst deːɐ̯ˈbaːnˌhoːf]

....

[ˈaʊ̯sˌgaŋ]

Entschuldigung, wo ist der Ausgang?

[ɛntˈʃʊldɪgʊŋ voː ɪst deːɐ̯ ˈaʊ̯sˌgaŋ]

....

....

Wo ist die Bushaltestelle?

[voː ɪst diː ˈbʊshaltəʃtɛlə]

....

Wo bekomme ich ein Taxi?

[voː bəˈkɔmə ɪç aɪ̯n ˈtaksi]

....

Wo ist die Touristeninformation?
[voː ɪst diː tuˈrɪstn̩ʔɪnfɔrmaˌt͡si̯oːn]

....

Wie weit ist es bis zum Stadtzentrum?
[viː vai̯t ɪst ɛs bɪs t͡sʊm ˈʃtatˌt͡sɛntrʊm]

....

Können Sie mir ein preiswertes Hotel empfehlen?
[ˈkœnən ziː miːɐ̯ ai̯n ˈprai̯sˌveːɐ̯təs hoˈtɛl ɛmˈp͡feːlən]

....

Fahren Sie mich bitte zu dieser Adresse.
[ˈfaːrən ziː mɪç ˈbɪtə t͡sʊ ˈdiːzɐ aˈdrɛsə]

....

das Taxi
[das ˈtaksi]

....

Was kostet die Fahrt?
[vas ˈkoːstət diː faːɐ̯t]

....

Kann ich mit Kreditkarte bezahlen?
[kan ɪç mɪt kreˈdɪtˌkartə bəˈʦaːlən]

....

Würden Sie mir bitte sagen, wann ich aussteigen muss?
[ˈvʏrdən ziː miːɐ̯ ˈbɪtə ˈzaːgn̩ van ɪç aʊ̯sˌʃtaɪ̯gn̩ mʊs]

....

Vielen Dank für Ihre/ deine Hilfe.
[ˈfiːlən daŋk fyːɐ̯ ˈiːrə/ ˈdaɪ̯nə ˈhɪlfə]

....

der Bus
[deːɐ̯ bʊs]

....

der Zug
[deːɐ̯ t͡suːk]

....

die U-Bahn
[diː ˈuːˌbaːn]

....

die Straßenbahn
[diː ˈʃtraːsn̩ˌbaːn]

....

der Hochgeschwindigkeitszug
[deːɐ̯ ˈhoːxgəʃvɪndɪçkaɪ̯t͡sˌt͡suːk]

....

das Schiff
[das ʃɪf]

....

Haben Sie ein Zimmer frei? ....
[ˈhaːbən ziː aɪ̯n ˈt͡sɪmɐ fraɪ̯]

Könnte ich mir das Zimmer ansehen? ....
[kœntə ɪç miːɐ das ˈt͡sɪmɐ anzeːən]

Wie viel kostet das? ....
[viː fiːl ˈkoːstət das]

Ist das Frühstück inbegriffen? ....
[ɪst das ˈfryːʃtʏk ɪnbəˌɡrɪfn̩]

Ich habe ein Zimmer ....

auf den Namen... gebucht. ....
[ɪç ˈhaːbə aɪ̯n ˈt͡sɪmɐ aʊ̯f deːn ˈnaːmən ɡəˈbuːxt]

Hier ist mein Reisepass. ....
[hiːɐ̯ ɪst ˈmaɪ̯n ˈraɪ̯zəˌpas]

Gibt es hier WLAN? ....
[giːpt ɛs hiːɐ ˈveːlaːn]

Gibt es einen Safe? ....
[giːpt ɛs ˈaɪ̯nən seːf]

Wann muss ich auschecken? ....
[van mʊs ɪç aʊ̯s ˈʃɛkn̩]

Ist die Rezeption den ganzen ....

Tag geöffnet? ....
[ɪst diː ˌreʦɛpˈʦi̯oːn den ganʦn̩
taːk gəˈʔœfnət]

Ich hätte gern ein Zimmer für ...

[ɪç ˈhɛtə gɛrn ai̯n ˈt͡sɪmɐ fyːɐ̯]

....

eine Person
[ˈai̯nə pɛrˈzoːn]

....

zwei Personen
[t͡svai̯ pɛrˈzoːnən]

....

eine Familie
[ˈai̯nə faˈmiːli̯ə]

....

die Decke
[diː ˈdɛkə]
....
das Bücherregal
[das byːçɐreˌgaːl]
....
die Lampe
[diː ˈlampə]
....
das Fenster
[das ˈfɛnstɐ]
....
der Lichtschalter
[deːɐ̯ ˈlɪçtˌʃaltɐ]
....
der Wecker
[deːɐ̯ ˈvɛkɐ]
....
das Kopfkissen
[das kɔpfˌkɪsn̩]
....
der Schreibtisch
[deːɐ̯ ˈʃraɪ̯pˌtɪʃ]
....
der Stuhl
[deːɐ̯ ʃtuːl]
....
die Steckdose
[diː ˈʃtɛkdoːzə]
....

Im Schlafzimmer

[ɪm ˈʃlaːf,t͡sɪmɐ]

Im Badezimmer

[ɪm ˈbaːdəˌt͡sɪmɐ]

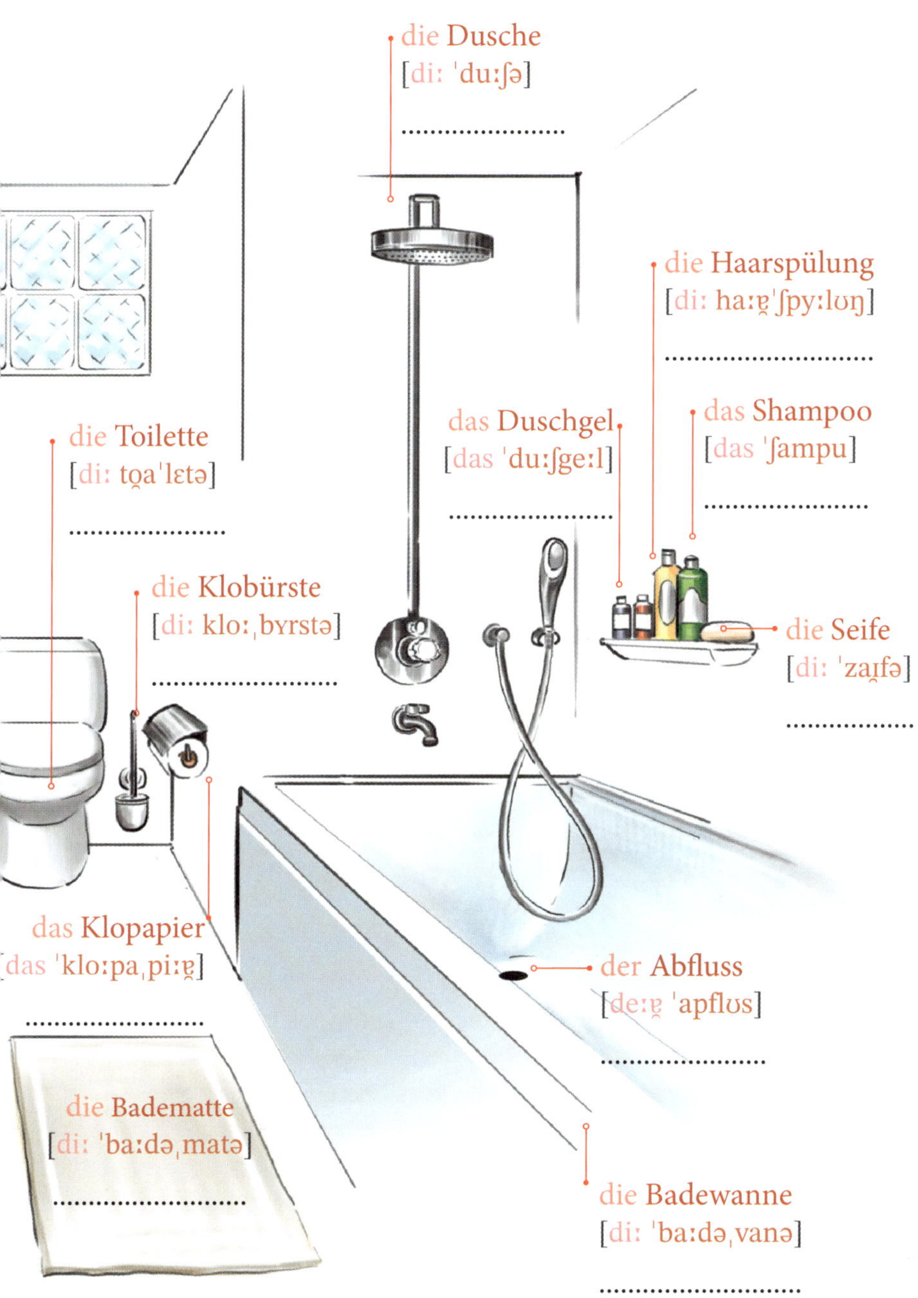
die Dusche
[diː ˈduːʃə]
....
die Haarspülung
[diː haːɐ̯ˈʃpyːlʊŋ]
....
das Duschgel
[das ˈduːʃgeːl]
....
das Shampoo
[das ˈʃampu]
....
die Toilette
[diː to̯aˈlɛtə]
....
die Klobürste
[diː kloːˌbʏrstə]
....
die Seife
[diː ˈza̯ɪfə]
....
das Klopapier
[das ˈkloːpaˌpiːɐ̯]
....
der Abfluss
[deːɐ̯ ˈapflʊs]
....
die Badematte
[diː ˈbaːdəˌmatə]
....
die Badewanne
[diː ˈbaːdəˌvanə]
....

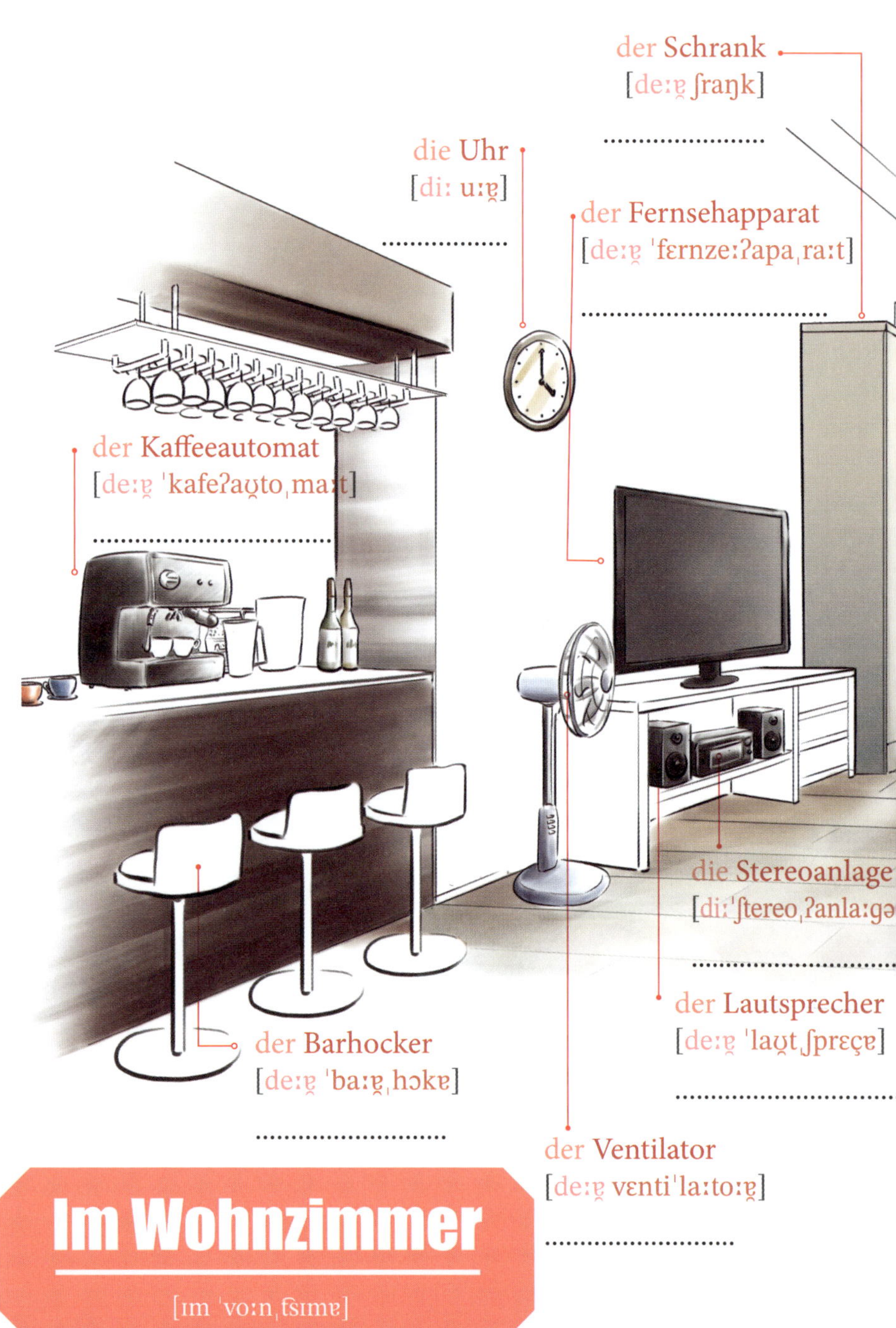

Im Wohnzimmer

[ɪm ˈvoːnˌt͡sɪmɐ]

die Lampe
[diː ˈlampə]
....
das Klavier
[das klaˈviːɐ̯]
....
das Bild
[das bɪlt]
....
die Bücher
[diː ˈbyːçɐ]
....
der Sessel
[deːɐ̯ ˈzɛsl̩]
....
die Geige
[diː ˈɡaɪ̯ɡə]
....
der Tisch
[deːɐ̯ tɪʃ]
....
das Telefon
[das ˈteːləfoːn]
....
das Sofa
[das ˈzoːfa]
....
die Vase
[diː ˈvaːzə]
....
die Fernbedienung
[diː ˈfɛrnbəˌdiːnʊŋ]
....
die Blumen
[diː ˈbluːmən]
....

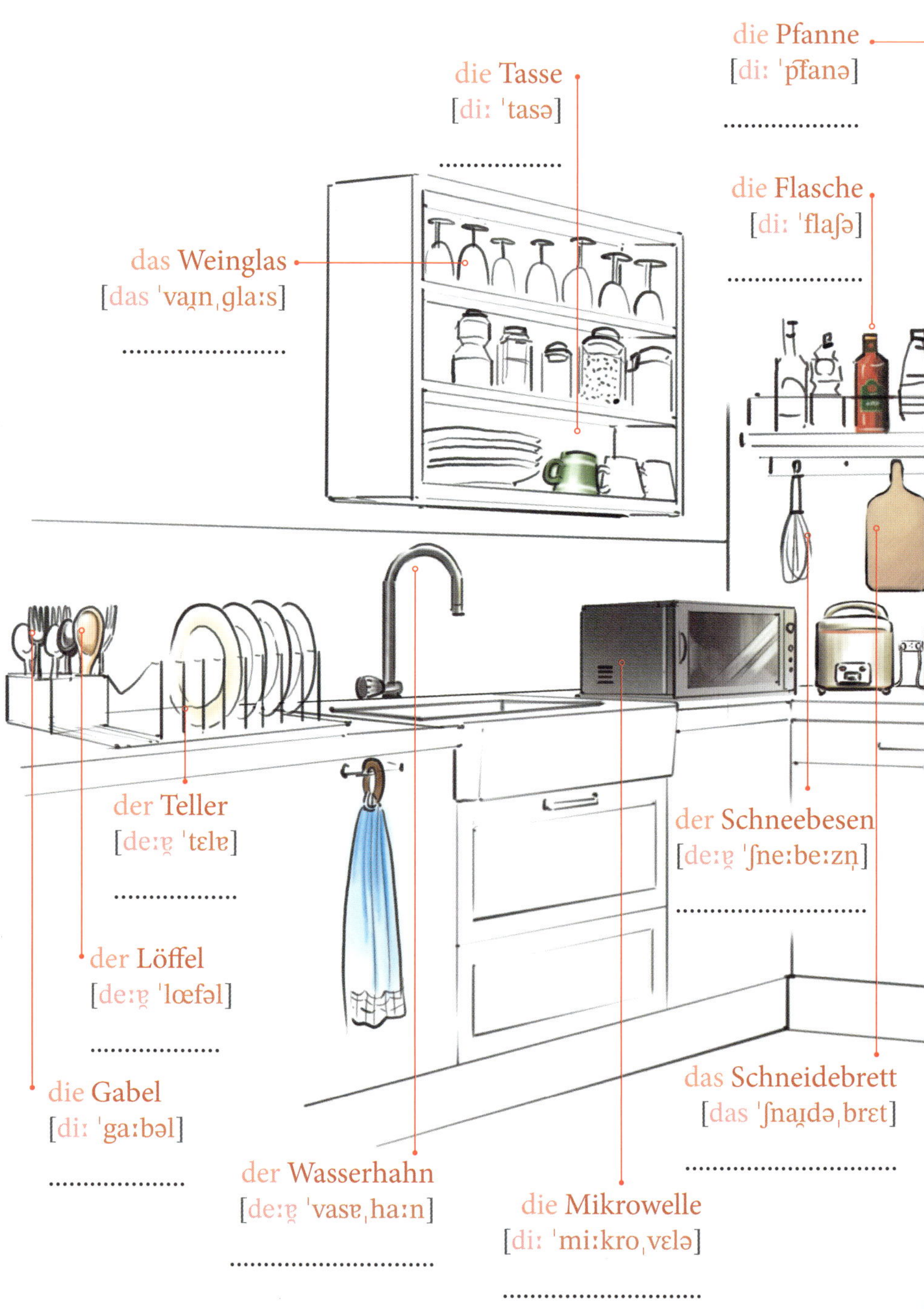
die Pfanne
[diː ˈp͡fanə]
....
die Tasse
[diː ˈtasə]
....
die Flasche
[diː ˈflaʃə]
....
das Weinglas
[das ˈvaɪ̯nˌɡlaːs]
....
der Teller
[deːɐ̯ ˈtɛlɐ]
....
der Schneebesen
[deːɐ̯ ˈʃneːbeːzn̩]
....
der Löffel
[deːɐ̯ ˈlœfəl]
....
das Schneidebrett
[das ˈʃnaɪ̯dəˌbrɛt]
....
die Gabel
[diː ˈɡaːbəl]
....
der Wasserhahn
[deːɐ̯ ˈvasɐˌhaːn]
....
die Mikrowelle
[diː ˈmiːkroˌvɛlə]
....

In der Küche

[ɪn deːɐ̯ ˈkʏçə]

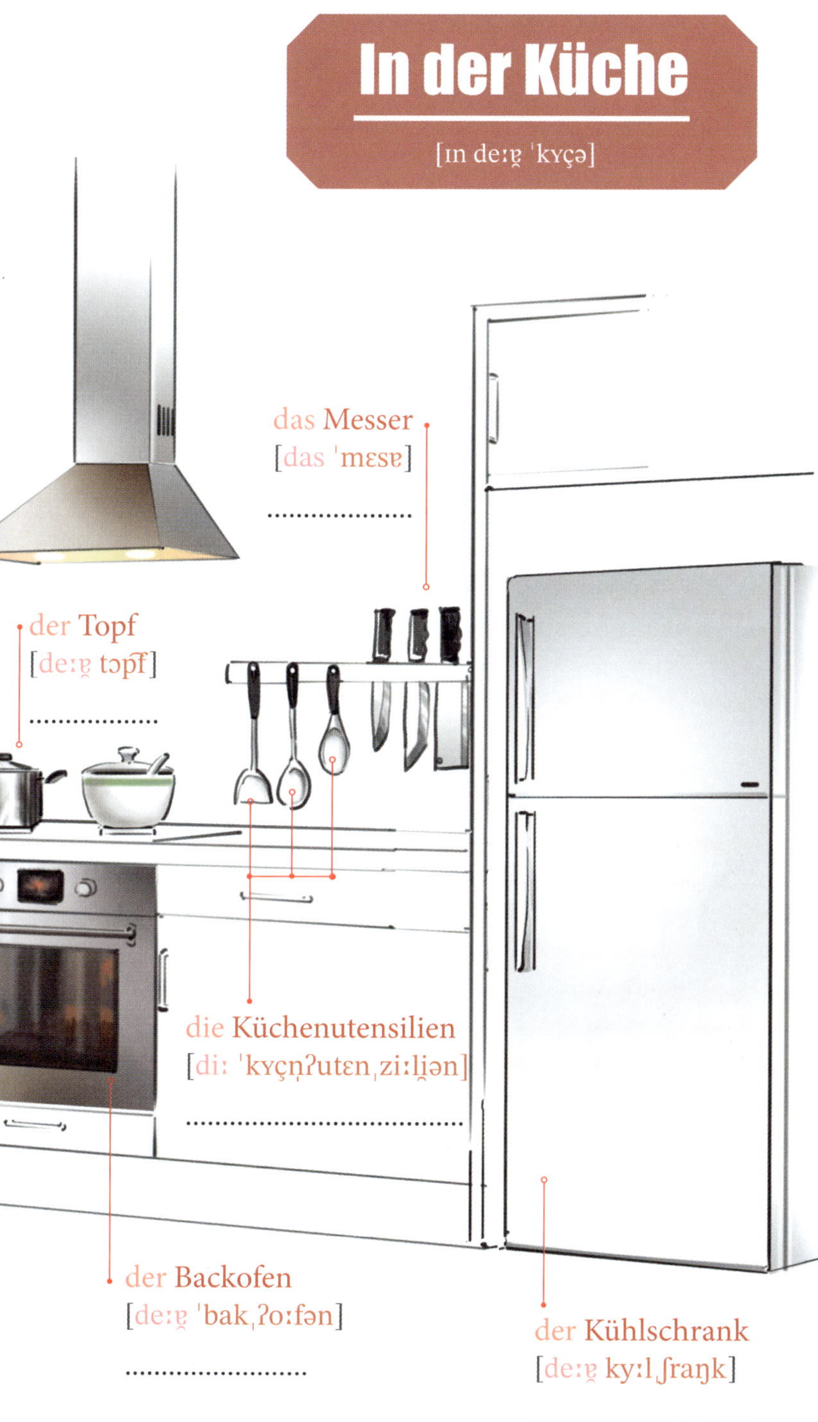

Ausflüge (in der Stadt und außerhalb)

[ˈaʊ̯sˌflyːɡə ɪn deːɐ̯ ʃtat ʊnt ˈaʊ̯sɐhalp]

Welche Sehenswürdigkeiten gibt es hier?

[vɛlçə ˈzeːənsvʏrdɪçˌkaɪ̯tn̩ ɡiːpt ɛs hiːɐ̯]

Wo kann ich regionale Spezialitäten probieren?

[voː kan ɪç regi̯oˈnaːlə ʃpet͡si̯aliˈtɛːtn̩ proˈbiːrən]

Ausflüge mit dem Zug

[ˈaʊ̯sˌflyːɡə mɪt deːm t͡suːk]

Wo ist der Bahnhof? ....
[voː ɪst deːɐ̯ˈbaːnˌhoːf]

Wo ist der Fahrkartenautomat? ....
[voː ɪst deːɐ̯ ˈfaːɐ̯kartn̩ʔaʊ̯toˌmaːt]

Wo ist der Fahrkartenschalter? ....
[voː ɪst deːɐ̯ ˈfaːɐ̯kartn̩ˌʃaltɐ]

Wie viel kostet die Fahrkarte? ....
[viː fiːl ˈkoːstət̩ diː ˈfaːɐ̯ˌkartə]

Bitte eine Fahrkarte erster Klasse. ....
[ˈbɪtə ˈaɪ̯nə ˈfaːɐ̯ˌkartə ˈeːɐ̯stə ˈklasə]

Bitte eine Fahrkarte zweiter Klasse. ....
[ˈbɪtə ˈaɪ̯nə ˈfaːɐ̯ˌkartə ˈt͡svaɪ̯tɐ ˈklasə]

Bitte eine einfache Fahrkarte. ....
[ˈbɪtə ˈaɪ̯nə ˈaɪ̯nfaxə ˈfaːɐ̯ˌkartə]

Bitte eine Rückfahrkarte. ....
[ˈbɪtə ˈai̯nə ˈrʏkfaːɐ̯ˌkartə]

Ich möchte einen Sitzplatz reservieren. ....
[ɪç ˈmœçtə ˈai̯nən ˈzɪt͡sˌplat͡s rezɛrˈviːrən]

Wann fährt der Zug ab? ....
[van fɛːɐ̯t deːɐ̯ t͡suːk ap]

Wie oft muss ich umsteigen? ....
[viː ɔft mʊs ɪç ˈʊmˌʃtai̯gn̩]

Wie heißt die nächste Haltestelle? ....
[viː hai̯st diː ˈnɛːçstə ˈhaltəʃtɛlə]

Würden Sie mir bitte sagen, ...

wann ich aussteigen muss? ....
[ˈvʏrdən ziː miːɐ̯ ˈbɪtə ˈzaːgn̩
van ɪç ˈau̯sˌʃtai̯gn̩ mʊs]

Am Bahnhof
[amˈbaːnˌhoːf]

der Bahnhof
[deːɐ̯ ˈbaːnˌhoːf]

....

der Hauptbahnhof
[deːɐ̯ ˈhau̯ptbaːnˌhoːf]

....

der Fahrkartenschalter
[deːɐ̯ ˈfaːɐ̯kartn̩ˌʃaltɐ]

....

die Fahrkarte
[diː ˈfaːɐ̯ˌkartə]

....

der Fahrplan
[deːɐ̯ ˈfaːɐ̯ˌplaːn]

....

die Ankunft
[diː ˈankʊnft]

....

die Abfahrt
[diː apˌfaːɐ̯t]

....

der Zug
[deːɐ̯ t͡suːk]

....

der Bahnsteig
[deːɐ̯ ˈbaːnˌʃtai̯k]

....

der Schlafwagen
[deːɐ̯ ˈʃlaːfˌvaːgn̩]

....

der Schnellzug
[deːɐ̯ ˈʃnɛlˌt͡suːk]

....

eine Fahrkarte erster Klasse
[ˈaɪ̯nə ˈfaːɐ̯ˌkartə ˈeːɐ̯stɐ ˈklasə]

....

eine Fahrkarte zweiter Klasse
[ˈaɪ̯nə ˈfaːɐ̯ˌkartə ˈt͡svaɪ̯tɐ ˈklasə]

....

eine Sitzplatzreservierung
[ˈaɪ̯nə ˈzɪt͡sˌplat͡s rezɛrˈviːrʊŋ]

....

einfache Fahrkarte
[ˈaɪ̯nfaxə ˈfaːɐ̯ˌkartə]

....

Hin- und Rückfahrkarte
[hɪn ʊnt rʏk ˈfaːɐ̯ˌkartə]

....

der Zuschlag
[deːɐ̯ ˈt͡suːʃlaːk]

....

einsteigen
[ˈaɪ̯nˌʃtaɪ̯gn̩]

....

aussteigen
[ˈaʊ̯sˌʃtaɪ̯gn̩]

....

umsteigen
[ˈʊmˌʃtaɪ̯gn̩]

....

Um wie viel Uhr fährt der Zug / der Bus / die U-Bahn / die Straßenbahn ab?

[ʊm viː fiːl uːɐ̯ fɛːɐ̯t deːɐ̯ t͡suːk / deːɐ̯ bʊs / diː ˈuːbaːn / diː ˈʃtraːsn̩ˌbaːn ap]

....

....

Entschuldigen Sie bitte,
könnten Sie mir helfen,
ein Ticket an dem Automaten zu kaufen?

[ɛntˈʃʊldɪgn̩ ziː ˈbɪtə
kœntn̩ ziː miːɐ̯ ˈhɛlfn̩
aɪ̯n ˈtɪkət an deːm aʊ̯toˈmaːtn̩ t͡suː ˈkaʊ̯fn̩]

....

....

Ich möchte nach ... fahren.

[ɪç ˈmœçtə naːx ˈfaːrən]

....

Ausflüge mit dem Bus und mit der Straßenbahn
[ˈaʊ̯sˌflyːɡə mɪt deːm bʊs ʊnt mɪt deːɐ̯ ˈʃtraːsn̩ˌbaːn]

der Bus ....
[deːɐ̯ bʊs]

die Bushaltestelle ....
[diː ˈbʊshaltəʃtɛlə]

die Straßenbahn ....
[diː ˈʃtraːsn̩ˌbaːn]

Wo ist die Straßenbahnhaltestelle?
[voː ɪst diː ˈʃtraːsn̩ˌbaːnˌhaltəʃtɛlə]

....

die Straßenbahnhaltestelle ....
[diː ˈʃtraːsn̩baːnˌhaltəʃtɛlə]

die Fahrkarte ....
[diː ˈfaːɐ̯ˌkartə]

der Kontrolleur ....
[deːɐ̯ kɔnˈtrɔlɐ]

die Geldstrafe ....
[diː ˈɡɛltˌʃtraːfə]

Wo ist ...?

[voː ɪst]

....

Wo ist die Bushaltestelle?

[voː ɪst diː ˈbʊshaltəʃtɛlə]

....

die Ampel

[diː ˈampl̩]

das Motorrad

[das ˈmoːtoːɐ̯ˌraːt]

das Fahrrad

[das ˈfaːɐ̯ˌraːt]

das Auto

[das ˈaʊ̯to]

Auf eigene Faust unterwegs mit dem Auto, dem Motorrad, dem Fahrrad und zu Fuß.

[aʊ̯f ˈaɪ̯ɡənə faʊ̯st ʊntɐˈveːks mɪt deːm ˈaʊ̯toː deːm moːtoːɐ̯ˌraːt deːm ˈfaːɐ̯ˌraːt ʊnt t͡suː fuːs]

---

die Straße ....

[diː ˈʃtraːsə]

die Kreuzung ....

[diː ˈkrɔɪ̯t͡sʊŋ]

geradeaus gehen/fahren ....

[ɡəraːdəˈʔaʊ̯s ˈɡeːən/ˈfaːrən]

rechts abbiegen ....

[rɛçt͡s ˈapˌbiːɡn̩]

links abbiegen ....

[lɪŋks ˈapˌbiːɡn̩]

Wo ist eine Tankstelle? ....

[voː ɪst ˈaɪ̯nə ˈtaŋkʃtɛlə]

hier / dort ....

[hiːɐ̯ / dɔrt]

nah / weit ....

[naː / vaɪ̯t]

Welches Benzin soll ich tanken? ....

[vɛlçəs bɛnˈt͡siːn zɔl ɪç ˈtaŋkn̩]

Kunst und Freizeitaktivitäten

[kʊnst ʊnt ˈfraɪ̯ˌt͡saɪ̯taktiviˈtɛːtn̩]

das Theater
[das teˈaːtɐ]

....

das Opernhaus
[das ˈoːpɐnˌhaʊ̯s]

....

das Kino
[das ˈkiːno]

....

die Kunstgalerie
[diː ˈkʊnstgaləˌriː]

....

das Museum
[das muˈzeːʊm]

....

das Hallenbad
[das ˈhalənˌbaːt]

....

das Freibad
[das ˈfra͜iˌbaːt]

....

die Sauna
[diː ˈza͜una]

....

der Stadtpark
[deːɐ̯ ˈʃtatˌpark]

....

das Fitnessstudio
[das ˈfɪtnɛsˌʃtuːdi̯o]

....

Sehenswürdigkeiten

[ˈzeːənsvʏrdɪçˌkai̯tn̩]

der Rhein
[deːɐ̯ rai̯n]

die Frauenkirche
[diː ˈfrau̯ənˌkɪrçə]

der Schwarzwald
[deːɐ̯ ˈʃvart͡svalt]

das Brandenburger Tor
[das brandn̩ˌbʊrgɐ toːɐ̯]

der Kölner Dom
[deːɐ̯ kœlnɐ doːm]

Miniatur Wunderland
[mini̯aˈtuːɐ̯ ˈvʊndɐlant]

Heidelberg
[hai̯dl̩bɛrk]

Rügen
[ryːgn̩]

Rothenburg ob der Tauber
[ˈroːtn̩ˌbʊrk ɔp deːɐ̯ ˈtaʊ̯bɐ]

die Museumsinsel
[diː muˈzeːʊmsˈɪnzl̩]

die Altstadt von Hamburg
[diːˈaltʃtat fɔn ˈhambʊrk]

Schloss Neuschwanstein
[ʃlɔs nɔɪ̯ʃvaːn ʃtai̯n]

das Oktoberfest
[das ɔkˈtoːbɐˌfɛst]

die Sächsische Schweiz
[diː ˈzɛksɪʃə ʃvai̯t͡s]

die Zugspitze
[diː ˈt͡suːkˌʃpɪt͡sə]

In der Bäckerei

[ɪn deːɐ̯ ˌbɛkəˈraɪ̯]

das Vollkornbrot
[das fɔlkɔrnˌbroːt]

....

das Toastbrot
[das ˈtoːstˌbroːt]

....

das Nusshörnchen
[das ˈnʊshœrnçən]

....

das Croissant
[das kro̯aˈsãː]

....

das Brötchen
[das ˈbrøːtçən]

....

das Baguette
[das baˈgɛt]

....

die Brezel
[diː ˈbreːt͡sl̩]

....

das Lammfleisch
[das ˈlamˌflaɪ̯ʃ]

....

das Kaninchen
[das kaˈniːnçən]

....

das Rindfleisch
[das ˈrɪntˌflaɪ̯ʃ]

....

das Kalbfleisch
[das ˈkalpˌflaɪ̯ʃ]

....

In der Metzgerei [ɪn deːɐ̯ mɛʦgəˈraɪ̯]

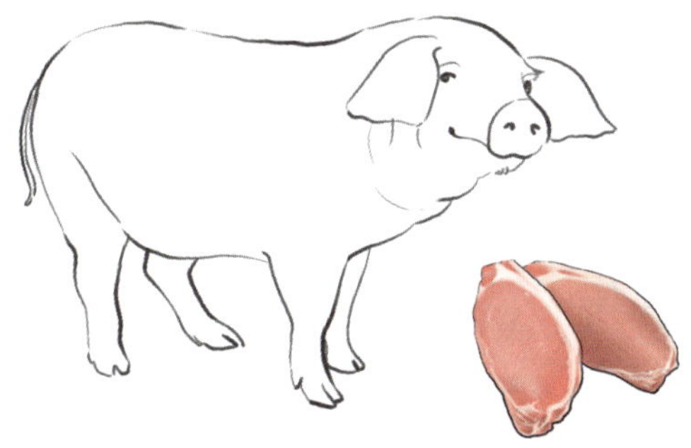

das Schweinefleisch
[das ˈʃvaɪ̯nəˌflaɪ̯ʃ]

....

die Ente
[diː ˈɛntə]

....

das Hühnerfleisch
[das ˈhyːnɐˌflaɪ̯ʃ]

....

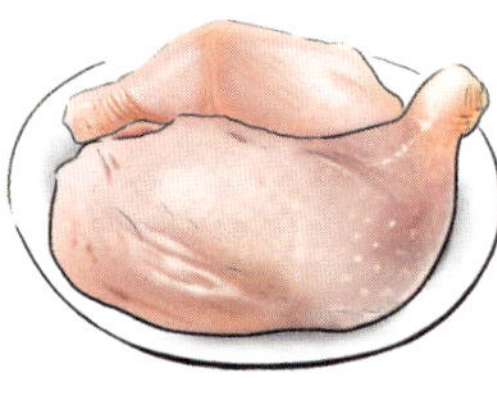

Deutsche Wurstsorten

[ˈdɔɪ̯tʃə ˈvʊrstˌzɔrtn̩]

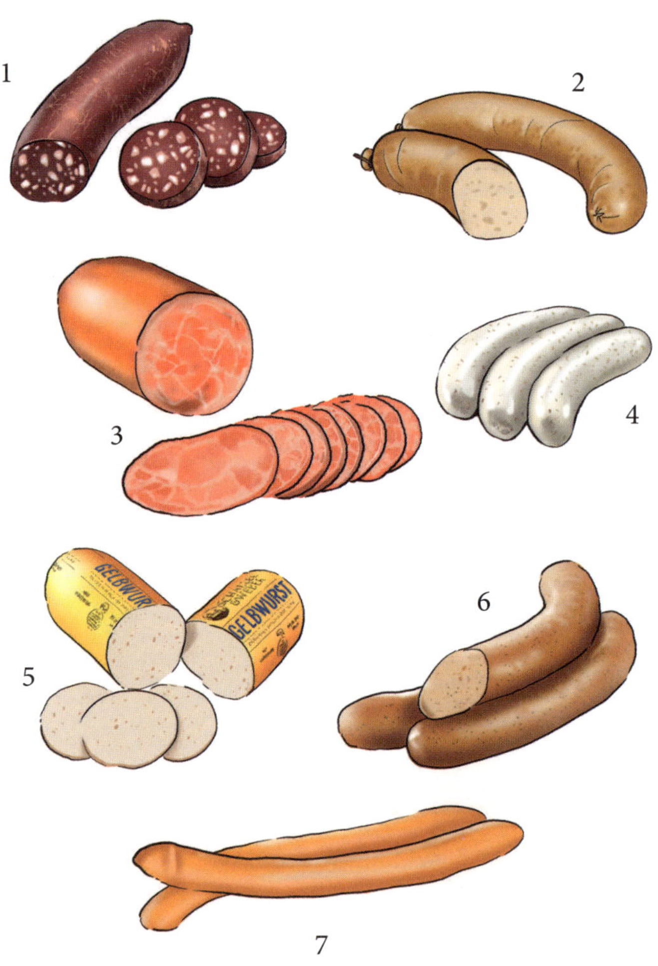

(Hmm ... lecker!)

[hmm...ˈlɛkɐ] ....

1. die Blutwurst

[diː ˈbluːtˌvʊrst] ....

2. die Leberwurst

[diː ˈleːbɐˌvʊrst] ....

3. die Schinkenwurst

[diː ˈʃɪŋkn ˌvʊrst] ....

4. die Weißwurst

[diː ˈvai̯sˌvʊrst] ....

5. die Gelbwurst

[diː ˈgɛlpˌvʊrst] ....

6. die Fleischwurst

[diː ˈflai̯ʃˌvʊrst] ....

7. das Wiener Würstchen

[das ˈviːnɐ ˈvʏrstçən] ....

„Es ist mir wurst."

[ɛs ɪst miːɐ̯ vʊrst] ....

Im Fischgeschäft

[ɪm fɪʃ geˈʃɛft]

die Forelle
[diː ˌfoˈrɛlə]

....

der Fisch
[deːɐ̯ fɪʃ]

....

die Krabbe
[diː ˈkrabə]

....

die Garnele
[diː garˈneːlə]

....

der Thunfisch
[deːɐ̯ ˈtuːnˌfɪʃ]

....

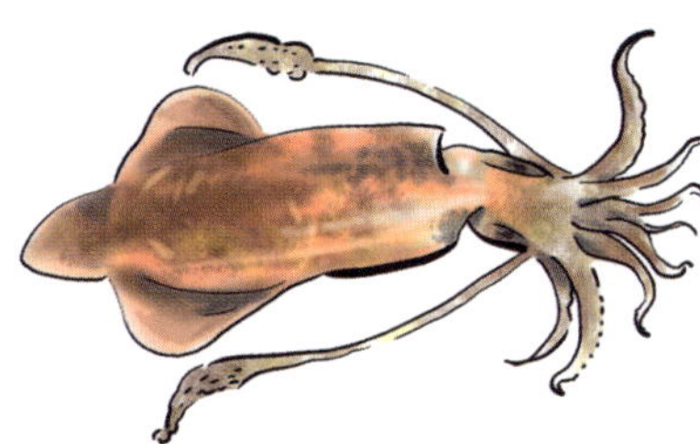

der Tintenfisch
[deːɐ̯ ˈtɪntn̩ˌfɪʃ]

....

der Lachs
[deːɐ̯ laks]

....

die Miesmuschel
[diː ˈmiːsˌmʊʃl̩]

....

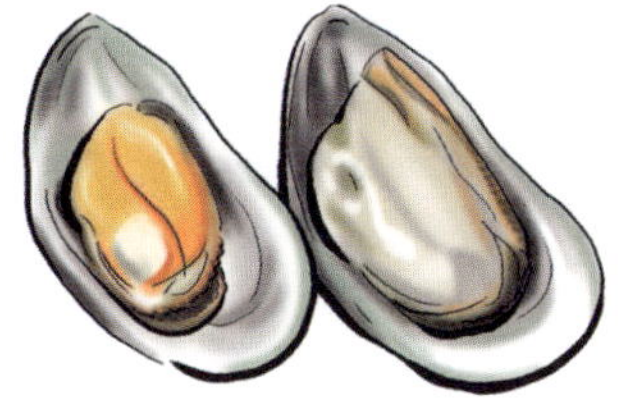

die Auster
[diː ˈaʊ̯stɐ]

....

1
2
5
4
3
6
7
8
9

Im Gemüseladen

[ɪm gəˈmyːzəˌlaːdn̩]

1. die Aubergine

[diː obɛrˈʒiːnə] ....

2. die Gurke

[diːˈgʊrkə] ....

3. der Brokkoli

[deːɐ̯ ˈbrɔkoli] ....

4. die Artischocke

[diː artiˈʃɔkə] ....

5. der Chinakohl

[deːɐ̯ çiːnaˌkoːl] ....

6. die Erbse

[diː ˈɛrpsə] ....

7. der Blumenkohl

[deːɐ̯ bluːmənkoːl] ....

8. die Möhre

[diː ˈmøːrə] ....

9. das Basilikum

[das baˈziːlikʊm] ....

1. der Ingwer

[deːɐ̯ ɪŋvɐ] ....

2. der Kopfsalat

[deːɐ̯ ˈkɔp͡fzaˌlaːt] ....

3. der Kürbis

[deːɐ̯ ˈkʏrbɪs] ....

4. die Mandel

[diː ˈmandl̩] ....

5. die Erdnuss

[diː eːɐ̯tnʊs] ....

6. die Haselnuss

[diː ˈhaːzl̩ˌnʊs] ....

7. der Knoblauch

[deːɐ̯ ˈknoːpˌlau̯x] ....

8. der Pilz

[deːɐ̯ pɪlt͡s] ....

9. die Kartoffel

[diː kaʳˈtɔfl̩] ....

10. der Mais

[deːɐ̯ mai̯s] ....

11. die Walnuss

[diː ˈvalˌnʊs] ....

1
2
3
4
7
5
6
8
9
10
11

1
2
3
4
5
6
7
8
9
10

1. die rote Beete

[diː ˈroːtə beːtə] ....

2. die Paprika

[diː ˈpaprika] ....

3. die Zwiebel

[diː ˈt͡sviːbl̩] ....

4. der Weißkohl

[deːɐ̯ ˈvaɪ̯sˌkoːl] ....

5. der Rotkohl

[deːɐ̯ ˈroːtkoːl] ....

6. der Spargel

[deːɐ̯ ˈʃpargl̩] ....

7. die Tomate

[diː toˈmaːtə] ....

8. die Zucchini

[diː t͡sʊˈkiːni] ....

9. der Sellerie

[deːɐ̯ ˈzɛləri] ....

10. der Spinat

[deːɐ̯ ʃpiˈnaːt] ....

Im Obstladen [im ˈoːpstˌlaːdn̩]

der Apfel
[deːɐ̯ ˈap͡fl̩]

....

der grüne Apfel
[deːɐ̯ ˈɡryːnə ˈap͡fl̩]

....

die Birne
[diː ˈbɪrnə]

....

die Kirsche
[diː ˈkɪrʃə]

....

die Pflaume
[diː ˈp͡flaʊ̯mə]

....

die Olive
[diː oˈliːvə]

....

die Kokosnuss
[diː ˈkoːkɔsˌnʊs]

....

die Erdbeere
[diː ˈeːɐ̯tbeːrə]

....

die Ananas
[diː ˈananas]

....

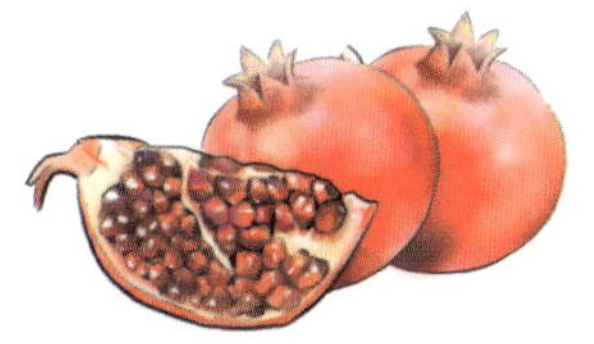

der Granatapfel
[deːɐ̯ graˈnaːtˌʔap͡fl̩]

....

die Brombeere
[diː ˈbrɔmˌbeːrə]

....

die Himbeere
[diː ˈhɪmˌbeːrə]

....

die Blaubeere
[diː blaʊ̯ˌbeːrə]

....

die schwarze Johannisbeere
[diː ˈʃvart͡sə joˈhanɪsˌbeːrə]

....

die rote Johannisbeere
[diː ˈroːtə joˈhanɪsˌbeːrə]

....

die Limette
[diː liˈmɛtə]

....

die Zitrone
[diː t͡siˈtroːnə]

....

die Avocado
[diː avoˈkaːdo]

....

die Stachelbeere
[diː ˈʃtaxl̩ˌbeːrə]

....

der Pfirsich
[deːɐ̯ ˈp͡fɪrzɪç]

....

die Papaya
[diː paˈpaːja]

....

die Banane
[diː baˈnaːnə]

....

die Mango
[diː ˈmaŋgo]

....

die Orange
[diː oˈrɑ̃ːʒə]

....

die Mandarine
[diː ˌmandaˑˈriːnə]

....

die Wassermelone
[diː vasɐmeˌloːnə]

....

die Weintraube
[diː ˈvai̯nˌtrau̯bə]

....

die Melone
[diː meˈloːnə]

....

die Kiwi
[diː ˈkiːvi]

....

Getränke

[gəˈtrɛŋkə]

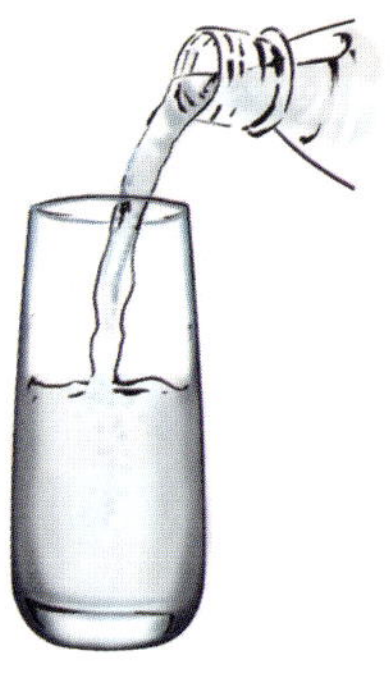

das stille Wasser
[das ˈʃtɪlə ˈvasɐ]
....

das (Mineral)wasser mit Kohlensäure
[das mineˈraːlˌvasɐ mɪt ˈkoːlənˌzɔɪ̯rə]
....
....

das Mineralwasser
[das mineˈraːlˌvasɐ]
....

der Karottensaft
[deːɐ̯ kaˈrɔtn̩ˌzaft]
....

der Gemüsesaft
[deːɐ̯ gəˈmyːzəˌzaft]
....

der Ananassaft
[deːɐ̯ ˈananasˌzaft]
....

die Apfelsaftschorle
[diː ˈapflzaftˈʃɔʳlə]
....

der Apfelsaft
[deːɐ̯ ˈapfl̩ˌzaft]
....

der Orangensaft
[deːɐ̯ oˈrãːʒn̩ˌzaft]
....

der Traubensaft
[deːɐ̯ ˈtraʊ̯bn̩ˌzaft]
....

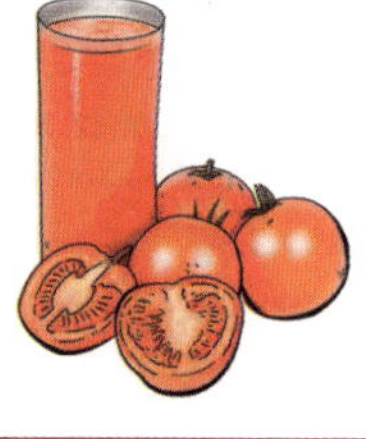

der Tomatensaft
[deːɐ̯ toˈmaːtənzaft]
....

In der Bar

[ɪn deːɐ̯ baːɐ̯]

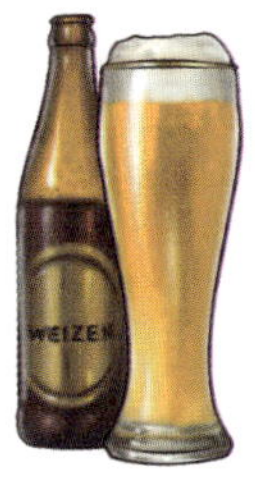

das Bier
[das biːɐ̯]

....

der Apfelwein
[deːɐ̯ ˈapfl̩ˌvaɪ̯n]

....

der Whiskey
[deːɐ̯ ˈwɪski]

....

der Brandy
[deːɐ̯ ˈbrɛndi]

....

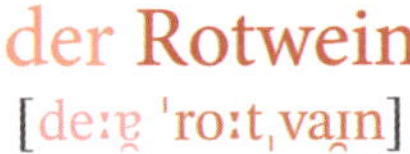

der Rotwein
[deːɐ̯ ˈroːtˌvaɪ̯n]

....

der Weißwein
[deːɐ̯ ˈvaɪ̯sˌvaɪ̯n]

....

der Rosé
[deːɐ̯ roˈzeː]

....

Im Wein liegt die Wahrheit.

[ɪm vaɪ̯n liːkt diː vaːɐ̯haɪ̯t] ....

Wein ist Poesie in Flaschen.

[vaɪ̯n ɪst ˌpoeˈziː ɪn ˈflaʃən] ....

Auch weißer Wein macht eine rote Nase.

[aʊ̯x ˈvaɪ̯sɐ vaɪ̯n maxt ˈaɪ̯nə ˈroːtə ˈnaːzə]

....

Das Leben ist viel zu kurz, um schlechten Wein zu trinken.

[das ˈleːbn̩ ɪst fiːl t͡suː kʊrt͡s ʊm ˈʃlɛçtn̩ vai̯n t͡suː ˈtrɪŋkn̩]

....

Johann Wolfgang von Goethe

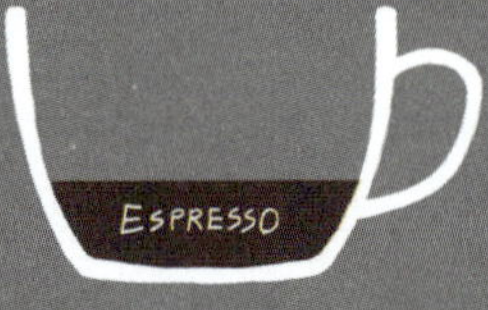

Espresso

Espresso macchiato

Filterkaffee

Espresso mit Vanilleeis

Im Café

[ɪm kaˈfeː]

der Espresso [deːɐ̯ ˌɛsˈprɛso] ....

der Espresso macchiato [deːɐ̯ ˌɛsˈprɛso makˈkiaːto] ....

der Filterkaffee [deːɐ̯ ˈfɪltɐˌkafeː] ....

der Espresso mit Vanilleeis [deːɐ̯ ˌɛsˈprɛso mɪt vaˈnɪləˌʔaɪ̯s] ....

Milchkaffee

Cappuccino

Latte macchiato

heiße Schokolade

heiße Milch

die Milchkaffee [diː ˈmɪlçkaˌfeː] ....

der Cappuccino [deːɐ̯ ˌkapʊˈtʃiːno] ....

die Latte macchiato [diː ˈlatə maˌki̯aːto] ....

die heiße Schokolade [diː ˈhaɪ̯sə ʃokoˈlaːdə] ....

die heiße Milch [diː ˈhaɪ̯sə mɪlç] ....

Tee

[teː]

1. der **schwarze** Tee
[deːɐ̯ ˈʃvart͡sə teː]

....

2. der **weiße** Tee
[deːɐ̯ ˈvaɪ̯sə teː]

....

3. der **grüne** Tee
[deːɐ̯ ˈɡryːnə teː]

....

4. der Früchtetee
[deːɐ̯ ˈfʁʏçtəˌteː]

....

5. der Roibuschtee
[deːɐ̯ ˈʁɔɪ̯bʊʃˌteː]

....

6. der Kräutertee
[deːɐ̯ ˈkʁɔɪ̯tɐˌteː]

Entschuldigung!
Ich würde gern bestellen.
[ɛntˈʃʊldɪgʊŋ ɪç ˈvʏrdə gɛrn bəˈʃtɛlən]

....

Welche Spezialitäten gibt es aus dieser Region?
[ˈvɛlçə ʃpet͡si̯aliˈtɛːtn̩ giːpt ɛs aʊ̯s ˈdiːzɐ reˈgi̯oːn]

....

Im Restaurant

[ɪm rɛsto'rɑ̃ː]

das Restaurant / die Gaststätte

[das rɛsto'rɑ̃ː/ diː 'gastˌʃtɛtə] ....

die Speisekarte

[diː 'ʃpa͜izəˌkartə] ....

die Vorspeise

[diː 'foːɐ̯ˌʃpa͜izə] ....

das Hauptgericht

[das 'ha͜uptgəˌrɪçt]...

der Nachtisch

[deːɐ̯ 'naːxˌtɪʃ] ....

Haben Sie einen Tisch für zwei ....

Personen? ....

['haːbn̩ ziː 'a͜inən tɪʃ fyːɐ̯ t͡sva͜i pɛr'zoːnən]

Gibt es ein Tagesmenü? ....

[giːpt ɛs a͜in 'taːgəs me'nyː]

Was können Sie mir empfehlen? ....

[vas 'kœnən ziː miːɐ̯ ɛm'p͡feːlən]

Ich hätte gern... ....

[ɪç 'hɛtə gɛrn]

die Mahlzeit ....
[diː ˈmaːlˌt͡sai̯t]

das Frühstück ....
[das ˈfryːˌʃtʏk]

das Mittagessen ....
[das ˈmɪtaːkˌʔɛsn̩]

das Abendessen ....
[das ˈaːbn̩tˌʔɛsn̩]

Guten Appetit!

[ˌɡutən ˌʔapəˈtit]

....

Die Rechnung, bitte.

[diː ˈrɛçnʊŋ ˈbɪtə]

....

Das Essen war sehr gut! ....
[das ˈɛsn̩ vaːɐ̯ zeːɐ̯ guːt]

Köstlich! ....
[ˈkœstlɪç]

Stimmt so. ....
[ʃtɪmt zoː]

das Trinkgeld ....
[das ˈtrɪŋkˌgɛlt]

1. die Vorspeisengabel [di: ˈfoːɐ̯ʃpaɪ̯zn̩ˈgaːbl̩]
 ....
2. die Gabel [di: ˈgaːbl̩]
 ....
3. das Messer [das ˈmɛsɐ]
 ....
4. das Vorspeisenmesser [das ˈfoːɐ̯ʃpaɪ̯znˈmɛsɐ]
 ....
5. der Suppenlöffel [deːɐ̯ ˈzʊpn̩ˌlœfl̩]
 ....
6. das Buttermesser [das ˈbʊtɐˌmɛsɐ]
 ....
7. die Kuchengabel [di: ˈkuːxn̩ˌgaːbl̩]
 ....
8. der Kaffeelöffel [deːɐ̯ ˈkafeˌlœfl̩]
 ....
9. der Brotteller [deːɐ̯ bʁoːtˈtɛlɐ]
 ....
10. der Teller [deːɐ̯ ˈtɛlɐ]
 ....
11. das Wasserglas [das ˈvasɐˌglaːs]
 ....
12. das Rotweinglas [das ˈʁoːtvaɪ̯nˌglaːs]
 ....
13. das Weißweinglas [das ˈvaɪ̯svaɪ̯nˌglaːs]
 ....

Der gedeckte Tisch

[deːɐ̯ ɡəˈdɛktə tɪʃ]

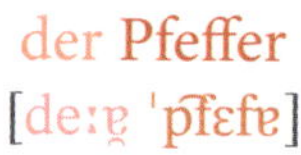

der Pfeffer
[deːɐ̯ ˈp͡fɛfɐ]

....

das Salz
[das zalt͡s]

....

Die Gewürze

[diː ˌɡəˈvʏrt͡sə]

das Chilipulver
[das ˈt͡ʃiːliˌpʊlfɐ]

....

das Pesto
[das ˈpɛsto]

....

das Currypulver
[das ˈkœriˌpʊlfɐ]

....

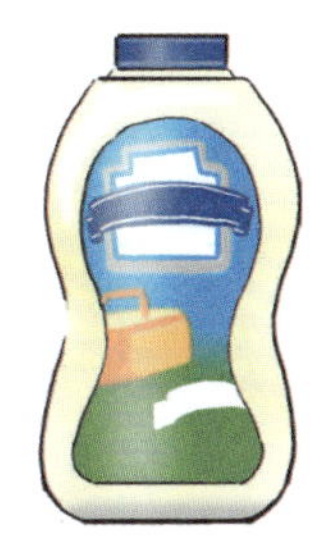

der Senf
[deːɐ̯ zɛnf]

....

das Tomatenketchup
[das toˈmaːtn̩ˈkɛtʃəp]

....

die Mayonnaise
[diː majɔˈnɛːzə]

....

der Zucker
[deːɐ̯ ˈt͡sʊkɐ]

....

der Süßstoff
[deːɐ̯ ˈzyːsʃtɔf]

....

das Paprikapulver
[das ˈpaprikaˌpʊlfɐ]

....

der Parmesankäse
[deːɐ̯ parmeˈzaːnˌkɛːzə]

....

die Sojasoße
[diː ˈzoːjaˌzoːsə]

....

der Honig
[deːɐ̯ ˈhoːnɪç]

....

die Erdbeermarmelade
[diː ˈeːɐ̯tbeːɐ̯marməˌlaːdə]

....

die Butter
[diː ˈbʊtɐ]

....

der Schokoladenaufstrich
[deːɐ̯ ʃokoˈlaːdn̩ ˈaʊ̯fˌʃtrɪç]

....

der Toast
[deːɐ̯ toːst]

....

das Quittengelee
[das ˈkvɪtn̩ʒeˌleː]

....

das gekochte Ei
[das ɡəˈkɔxtə aɪ̯]

....

das Omelett
[das ɔmˈlɛt]

....

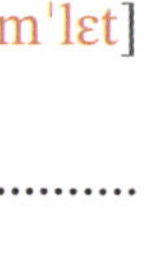

Das Frühstück

[das ˈfryːˌʃtʏk]

das Müsli
[das ˈmyːsli]

....

der Obstsalat
[deːɐ̯ ˈoːpstzaˌlaːt]

....

der Joghurt
[deːɐ̯ ˈjoːgʊrt]

....

das Spiegelei
[das ˈʃpiːgl̩ˌʔaɪ̯]

....

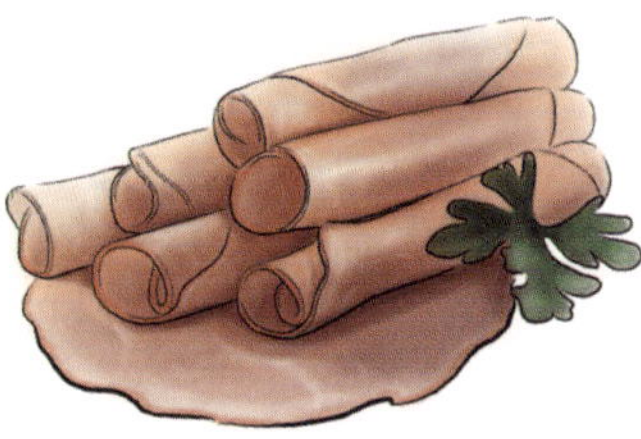

der Schinken
[deːɐ̯ ˈʃɪŋkn̩]

....

das Rührei
[das ˈryːɐ̯ˌʔaɪ̯]

....

die Frikadellen mit Gemüse
[diː frikaˈdɛlən mɪt gəˈmyːzə]

....

das Schnitzel mit Pommes Frites
[das ˈʃnɪt͡sl̩ mɪt pɔmˈfrɪt]

....

das Steak
[das steːk]

....

das Eisbein mit Sauerkraut
[das aɪ̯sˌbaɪ̯n mɪt ˈzaʊ̯ɐˌkraʊ̯t]

....

Das Hauptgericht

[das ˈhau̯ptɡəˌrɪçt]

die Schweinshaxe
[diː ʃvai̯nsˈhaksə]

....

der Gemüseauflauf
[deːɐ̯ ɡəˈmyːzə ˈau̯fˌlau̯f]

....

die Kohlrouladen
[diː ˈkoːlruˌlaːdn̩]

....

Die Beilagen

[diː ˈbai̯laːgən]

die Pommes Frites
[diː pɔmˈfrɪt]

....

die Bratkartoffeln
[diː ˈbraːtkarˌtɔfəln]

....

das Kartoffelpüree
[das karˈtɔfl̩pyˌreː]

....

der Salat
[deːɐ̯ zaˈlaːt]

....

das Rotkraut
[das ˈroːtkraʊ̯t]

....

das Sauerkraut
[das ˈzaʊ̯ɐˌkraʊ̯t]

....

Der Imbiss

[deːɐ̯ ɪmbɪs]

die Currywurst
[diː ˈkœriˌvʊrst]

....

die gebratenen Nudeln
[diː ɡəˈbraːtənən ˈnuːdl̩n]

....

das Brathähnchen
[das ˈbraːtˌhɛːnçən]

....

der Döner Kebab
[deːɐ̯ ˈdøːnɐ ˈkeːbap]

....

die Pizza
[diː ˈpɪt͡sa]

....

das Sandwich
[das ˈzɛntvɪt͡ʃ]

....

Die Süßspeisen

[di: zy:s͡ʃpaɪ̯zn̩]

1. Mandel-Pfirsich Kuchen ['mandl̩ 'p͡fɪrzɪç 'ku:xn̩]

2. Aprikosenkuchen [ˌapri'ko:zn̩'ku:xn̩]

3. Apfelstrudel mit Sahne ['ap͡fl̩ˌʃtru:dl̩ mɪt 'za:nə]

4. Bienenstich [bi:nənˌʃtɪç]

5. Schwarzwälder Kirschtorte ['ʃvartsˌvɛldɐ 'kɪrʃˌtɔrtə]

6. Zwetschgenkuchen mit Streusel ['t͡svɛt͡ʃgənˌku:xn mɪt 'ʃtrɔɪ̯zl̩]

7. Erdbeerkuchen ['e:ɐ̯tbe:ɐ̯ˌku:xn̩]

8. Pflaumenkuchen ['p͡flaʊ̯mənˌku:xn̩]

9. Rhabarber-Baiser Kuchen [ra'barbɐ bɛ'ze: 'ku:xn̩]

10 . Nussschnecke ['nʊsˌʃnɛkə]

11. Kaiserschmarren ['kaɪ̯zɐˌʃmarən]

1
2
3
6
4
5
9
7
8
10
11

Einkaufsmöglichkeiten

[ˈai̯nkau̯fsˌmøːklɪçkai̯tn̩]

REWE®

NORMA®

ALDI®

EDEKA®

KAUFLAND®

PENNY®

LIDL®

NETTO®

das Einkaufszentrum
[das ˈaɪ̯nkaʊ̯fs ˌt͡sɛntrʊm]

....

das Kaufhaus
[das ˈkaʊ̯f ˌhaʊ̯s]

....

der Markt
[deːɐ̯ markt]

....

der Supermarkt
[deːɐ̯ ˈzuːpɐˌmarkt]

....

der Laden
[deːɐ̯ ˈlaːdn̩]

....

der Bioladen
[deːɐ̯ ˈbiːolaːdn̩]

....

Alles, was das Herz begehrt

[ˈaləs vas das hɛrt͡s bəˈgeːɐ̯t]

die Parfümerie
[diː parfyməˈriː]

....

der Friseursalon
[deːɐ̯ friˈzøːɐ̯zaˌloːn]

....

das Juweliergeschäft
[das juveˈliːɐ̯ˌgəˈʃɛft̯]

....

der Blumenladen
[deːɐ̯ ˈbluːməˈlaːdn]

....

die Modeboutique
[diː ˈmoːdəbu.tik]

....

---

das Schuhgeschäft
[das ˈʃuːɡəˌʃɛft]

....

---

der Souvenirladen
[deːɐ̯ zuvəˈniːɐ̯ˌlaːdn̩]

....

---

das Antiquitätengeschäft
[das antikviˈtɛːtn̩ɡəˌʃɛft]

....

Ich möchte... ....
[ɪç ˈmœçtə]

ein Hemd. ....
[ai̯n hɛmt]

eine Hose. ....
[ai̯nə ˈhoːzə]

ein Paar Schuhe. ....
[ai̯n paːɐ̯ ˈʃuːə]

ein Paar Strümpfe. ....
[ai̯n paːɐ̯ ˈʃtrʏmp͡fə]

zwei Blusen. ....
[t͡svai̯ ˈbluːzən]

drei Jacken. ....
[drai̯ ˈjakən]

vier Röcke. ....
[fiːɐ̯ ˈrœkə]

fünf Mäntel. ....
[fʏnf ˈmɛntəl]

Wie viel kostet das? ....
[viː fiːl ˈkɔstət das]

Das kostet ... Euro. ....
[das ˈkɔstət ˈɔɪ̯ro]

Das ist sehr teuer. ....
[das ɪst zeːɐ̯ ˈtɔɪ̯ɐ]

Können Sie mir das günstiger ....

verkaufen? ....
[ˈkœnən ziː miːɐ̯ das ˈɡʏnstɪɡɐ
fɛɐ̯ˈkaʊ̯fn̩]

Das ist sehr billig. ....
[das ɪst zeːɐ̯ ˈbɪlɪç]

Danke, das ist genug. ....
[ˈdaŋkə das ɪst ɡəˈnuːk]

Der Preis ist angemessen. ....
[deːɐ̯ praɪ̯s ɪst ˈanɡəˌmɛsn̩]

Das ist zu kurz / zu lang. ....
[das ɪst t͡suː kʊrt͡s t͡suː laŋ]

Das ist zu weit / zu eng. ....
[das ɪst t͡suː vaɪ̯t t͡suː ɛŋ]

Kann ich das anprobieren?

[kan ɪç das ˈanproˌbiːrən]

....

Wo ist die Umkleidekabine?

[voː ɪst diː ˈʊmklai̯dəkaˌbiːnə]

....

Ermäßigter Preis

[ɛɐ̯ˈmɛːsɪçtə pra͜is]

....

Sonderangebot

[ˈzɔndɐʔanɡəˌboːt]

....

Werbeaktion

[ˈvɛrbəakˈt͡si̯oːn]

....

Die Farben [diː ˈfarbən]

weiß
[vaɪ̯s]
....

schwarz
[ʃvart͡s]
....

orange
[oˈrãːʃ]
....

braun
[braʊ̯n]
....

grau
[graʊ̯]
....

hellblau
[ˈhɛlˌblaʊ̯]
....

hell
[hɛl]
....

dunkel
[ˈdʊŋkl̩]
....

rot
[roːt]
....

rosa
[ˈroːza]
....

gelb
[gɛlp]
....

grün
[gryːn]
....

dunkelblau
[ˈdʊŋkəlˌblaʊ̯]
....

lila
[ˈliːla]
....

Die Zahlen [diː ˈt͡saːlən]

0	null	....
1	eins	....
2	zwei	....
3	drei	....
4	vier	....
5	fünf	....
6	sechs	....
7	sieben	....
8	acht	....
9	neun	....
10	zehn	....
11	elf	....
12	zwölf	....
13	dreizehn	....
14	vierzehn	....
15	fünfzehn	....
16	sechzehn	....
17	siebzehn	....
18	achtzehn	....
19	neunzehn	....
20	zwanzig	....
21	einundzwanzig	....
22	zweiundzwanzig	....
23	dreiundzwanzig	....

24	vierundzwanzig	....
25	fünfundzwanzig	....
26	sechsundzwanzig	....
27	siebenundzwanzig	....
28	achtundzwanzig	....
29	neunundzwanzig	....
30	dreißig	....
40	vierzig	....
50	fünfzig	....
60	sechzig	....
70	siebzig	....
80	achtzig	....
90	neunzig	....
100	hundert	....
101	hunderteins	....
102	hundertzwei	....
200	zweihundert	....
300	dreihundert	....
400	vierhundert	....
500	fünfhundert	....
600	sechshundert	....
700	siebenhundert	....
800	achthundert	....
900	neunhundert	....
1000	tausend	....
10 000	zehntausend	....
100 000	hunderttausend	....
1 000 000	eine Million	....

1
erster
[ˈeːɐ̯stɐ]

....

2
zweiter
[ˈt͡svai̯tɐ]

....

3
dritter
[ˈdrɪtɐ]

....

vierter	[ˈfiːɐ̯tɐ]	....
fünfter	[ˈfʏnftɐ]	....
sechster	[ˈzɛkstɐ]	....
siebter	[ˈziːptɐ]	....
achter	[ˈaxtɐ]	....
neunter	[ˈnɔɪ̯ntɐ]	....
zehnter	[ˈt͡seːntɐ]	....

Die Zeit und das Wetter

[diː t͡sa͜ɪt ʊnt das ˈvɛtɐ]

Wann denn? [van dɛn]

gestern
[ˈɡɛstɐn]

....

gestern Abend
[ˈɡɛstɐn ˈaː.bənt]

....

vorgestern
[ˈfoːɐ̯ɡɛstɐn]

....

letzte Woche
[ˈlɛt͡stə ˈvɔxə]

....

letztes Jahr
[ˈlɛt͡stəs jaːɐ̯]

....

heute
[ˈhɔɪ̯tə]

....

morgen
[ˈmɔrgn̩]

....

übermorgen
[ˈyːbɐmɔrgn̩]

....

nächste Woche
[ˈnɛːçstə ˈvɔxə]

....

nächstes Jahr
[ˈnɛːçstəs jaːɐ̯]

....

Rund um die Uhr [rʊnt ʊm diː uːɐ̯]

die Uhrzeit [diː ˈuːɐ̯ˌt͡saɪ̯t] ....

die Uhr [diː uːɐ̯] ....

die Sekunde [diː zeˈkʊndə] ....

die Sekunden [diː zeˈkʊndən] ....

die Minute [diː miˈnuːtə] ....

die Minuten [diː miˈnuːtən] ....

ein Viertelstunde [diː ˈfɪrtl̩ˌʃtʊndə] ....

die halbe Stunde [diː ˈhalbə ˈʃtʊndə] ....

die Stunde [diː ˈʃtʊndə] ....

die Stunden [diː ˈʃtʊndən] ....

der Morgen

[deːɐ̯ ˈmɔrgn̩]

....

der Mittag

[deːɐ̯ ˈmɪtaːk]

....

der Nachmittag

[deːɐ̯ ˈnaːxmɪˌtaːk]

....

der Abend

[deːɐ̯ ˈaːbn̩t]

....

die Nacht

[diː naxt]

....

die Mitternacht

[diː ˈmɪtɐˌnaxt]

....

früh

[fryː]

....

spät

[ʃpɛːt]

....

Wie spät ist es?

[viː ʃpɛːt ɪst ɛs]

....

7:10 Uhr

Es ist zehn nach sieben.

[ɛs ɪst t͡seːn naːx ˈziːbn̩]

....

Es ist ein Uhr.
[ɛs ɪst aɪ̯n uːɐ̯]

....

7:15 Uhr
Es ist Viertel nach sieben.
[ɛs ɪst ˈfɪʳtl̩ naːx ˈziːbn̩]

....

8:00 Uhr
Es ist acht Uhr.
[ɛs ɪst axt uːɐ]

....

9:50 Uhr
Es ist zehn vor zehn.
[ɛs ɪst t͡seːn foːɐ̯ t͡seːn]

....

10:00 Uhr
Es ist zehn Uhr.
[ɛs ɪst t͡seːn uːɐ̯]

....

10:10 Uhr
Es ist zehn nach zehn.
[ɛs ɪst t͡seːn naːx t͡seːn]

....

10:30 Uhr
Es ist halb elf.
[ɛs ɪst halp ɛlf]

....

12:00 Uhr
Es ist Mittag.
[ɛs ɪst ˈmɪtaːk]

....

19:55 Uhr
Es ist fünf vor acht Uhr abends.
[ɛs ɪst fʏnf foːɐ̯ axt uːɐ̯ ˈaːbn̩ts]

....

22:00 hrs.
Es ist zehn Uhr abends.
[ɛs ɪst tseːn uːɐ̯ ˈaːbn̩ts]

....

00:00 hrs.
Es ist Mitternacht.
[ɛs ɪst ˈmɪtɐˌnaxt]

....

Die Wochentage
[diː ˈvɔxn̩ˌtaːgə]

Sonntag [ˈzɔnˌtaːk]	**Montag** [ˈmoːnˌtaːk]	**Dienstag** [ˈdiːnsˌtaːk]
....	....	....

der Werktag ....
[deːɐ̯ ˈvɛrkˌtaːk]

das Wochenende ....
[das ˈvɔxn̩ˌʔɛndə]

der Feiertag ....
[deːɐ̯ ˈfaɪ̯ɐˌtaːk]

der Ruhetag ....
[deːɐ̯ ˈruːəˌtaːk]

Mittwoch	Donnerstag	Freitag	Samstag
[ˈmɪtˌvɔx]	[ˈdɔnɐsˌtaːk]	[ˈfra͜ɪtaːk]	[ˈzamstaːk]

....

Welchen Tag haben wir heute? ....
[ˈvɛlçn̩ taːk ˈhaːbn̩ viːɐ̯ ˈhɔ͜ɪtə]

Heute ist Montag. ....
[ˈhɔ͜ɪtə ɪst ˈmoːnˌtaːk]

Welches Datum haben wir heute? ....
[ˈvɛlçɐs ˈdaːtʊm ˈhaːbn̩ viːɐ ˈhɔ͜ɪtə]

Es ist der 10. Januar. ....
[ɛs ɪst deːɐ̯ ˈt͡seːntə ˈjanuaːɐ̯]

Ist heute ein Feiertag? ....
[ɪst ˈhɔ͜ɪtə a͜ɪn ˈfra͜ɪtaːk]

1

Januar

[ˈjanuaːɐ̯]

....

2

Februar

[ˈfeːbruaːɐ̯]

....

5

Mai

[maɪ̯]

....

6

Juni

[ˈjuːni]

....

9

September

[zɛpˈtɛmbɐ]

....

10

Oktober

[ɔkˈtoːbɐ]

....

Die zwölf Monate des Jahres
[diː t͡svœlf ˈmoːnatə dɛs ˈjaːrəs]

3

März
[mɛrt͡s]

....

4

April
[aˈprɪl]

....

7

Juli
[ˈjuːli]

....

8

August
[aʊ̯ˈgʊst]

....

11

November
[noˈvɛmbɐ]

....

12

Dezember
[deˈt͡sɛmbɐ]

....

Das Wetter und die Jahreszeiten

[das ˈvɛtɐ ʊnt diː ˈjaːrəsˌt͡saɪ̯tən]

der Frühling

[deːɐ̯ ˈfryːlɪŋ]

....

der Sommer

[deːɐ̯ ˈzɔmɐ]

....

der Herbst

[deːɐ̯ hɛrpst]

....

der Winter

[deːɐ̯ ˈvɪntɐ]

....

Wie ist das Wetter heute ? ....
[viː ɪst das ˈvɛtɐ ˈhɔɪ̯tə]

Das Wetter ist heute schön. ....
[das ˈvɛtɐ ɪst ˈhɔɪ̯tə ʃøːn]

Die Sonne scheint. ....
[diː ˈzɔnə ʃaɪ̯nt]

Das Wetter ist heute schlecht. ....
[das ˈvɛtɐ ɪst ˈhɔɪ̯tə ʃlɛçt]

Es ist heiß. ....
[ɛs ɪst haɪ̯s]

Es ist sehr heiß. ....
[ɛs ɪst zeːɐ̯ haɪ̯s]

Mir ist sehr heiß. ....
[miːɐ̯ ɪst zeːɐ̯ haɪ̯s]

Es ist sehr kalt. ....
[ɛs ɪst zeːɐ̯ kalt]

Mir ist sehr kalt. ....
[miːɐ̯ ɪst zeːɐ̯ kalt]

Es ist windig. ....
[ɛs ɪst ˈvɪndɪç]

Es ist neblig. ....
[ɛs ɪst ˈneːblɪç]

Es regnet. ....
[ɛs ˈreːɡnət]

Es nieselt. ....
[ɛs ˈniːzl̩t]

Es schneit. ....
[ɛs ˈʃnaɪ̯t]

die Stirn
[di: ʃtɪrn] ....

das Auge
[das ˈaʊ̯gə] ....

die Nase
[di: ˈna:zə] ....

der Mund
[de:ɐ̯ mʊnt] ....

die Zähne
[di: ˈt͡sɛ:nə] ....

die Zunge
[di: ˈt͡sʊŋə] ....

das Kinn
[das kɪn] ....

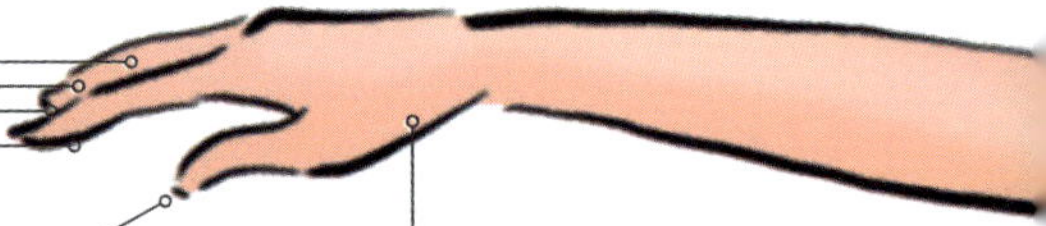

die Finger
[di: ˈfɪŋɐ] ....

der Daumen
[de:ɐ̯ ˈdaʊ̯mən] ....

die Hand
[di: hant] ....

die Taille
[di: ˈtaljə] ....

die Hüfte
[di: ˈhʏftə] ....

Die Körperteile

[di: ˈkœrpɐˌtaɪ̯lə]

Der Körper und die Gesundheit

[deːɐ̯ ˈkœrpɐ ʊnt diː ɡəˈzʊnthaɪ̯t]

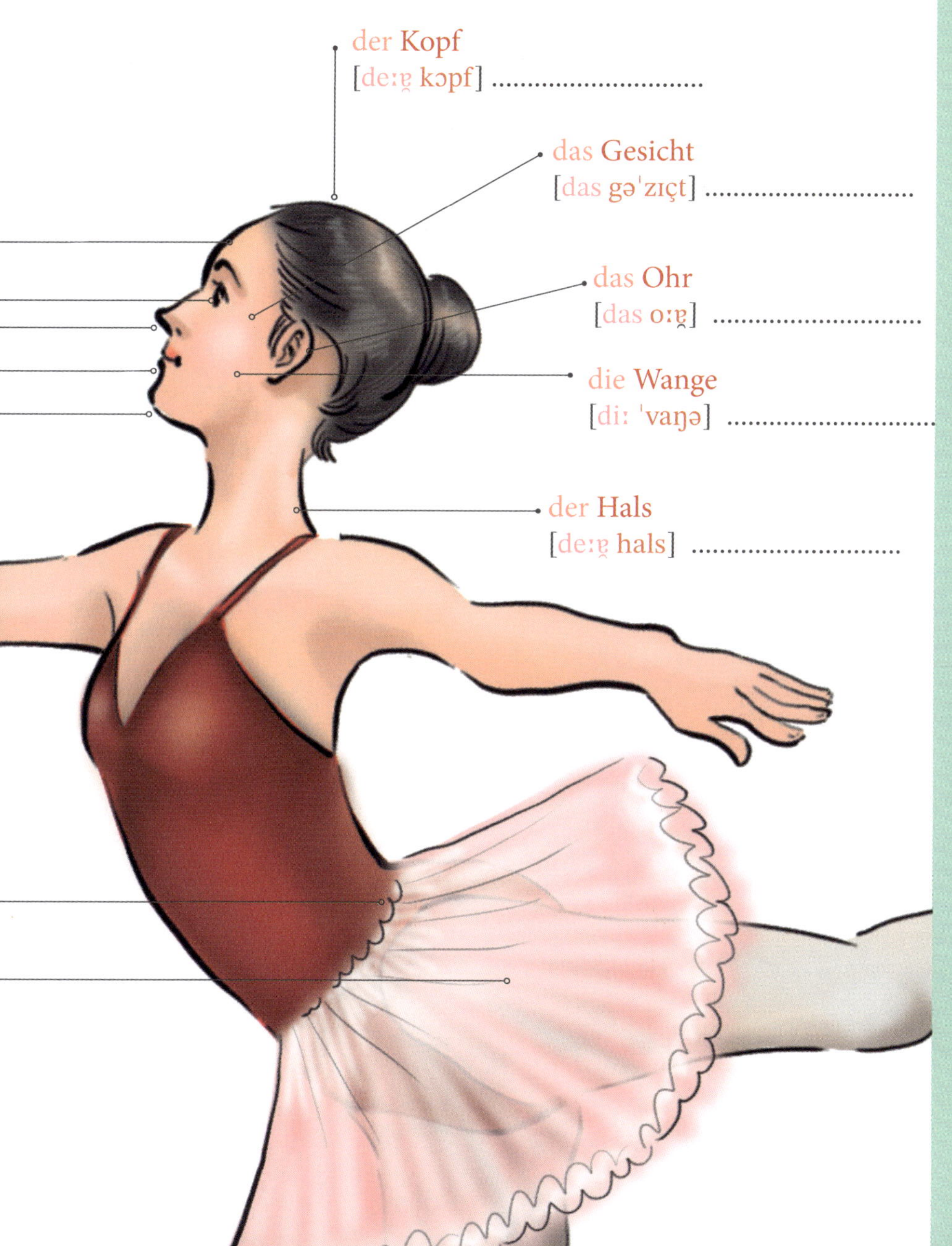

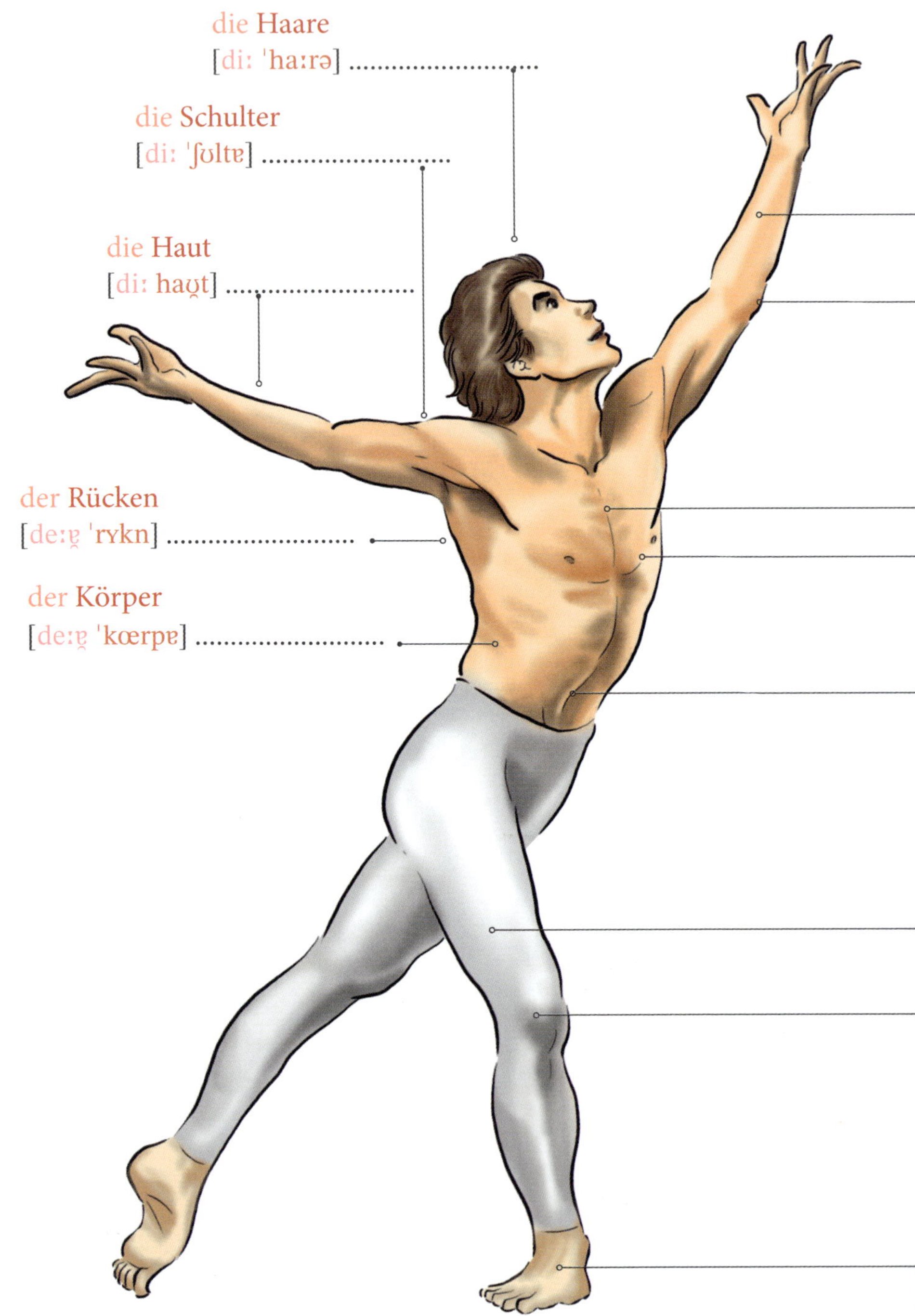
die Haare
[diː ˈhaːrə]
die Schulter
[diː ˈʃʊltɐ]
die Haut
[diː haʊ̯t]
der Rücken
[deːɐ̯ ˈrʏkn]
der Körper
[deːɐ̯ ˈkœrpɐ]

der Arm
[deːɐ̯ arm] ....

der Ellbogen
[deːɐ̯ ˈɛlˌboːgn̩] ....

die Brust
[diː brʊst] ....

das Herz
[das hɛrt͡s] ....

der Bauch
[deːɐ̯ baʊ̯x] ....

das Bein
[das baɪ̯n] ....

das Knie
[das kniː] ....

der Fuß
[deːɐ̯ fuːs] ....

Wenn man sich krank fühlt

[vɛn man zɪç kraŋk fyːlt]

Ich bin krank. ....
[ɪç bɪn kraŋk]

Ich muss mich übergeben. ....
[ɪç mʊs mɪç yːbɐˈgeːbn̩]

Mir ist übel. ....
[miːɐ̯ ɪst ˈyːbl̩]

Hier tut es weh. ....
[hiːɐ̯ tuːt ɛs veː]

Ich habe Fieber. ....
[ɪç ˈhaːbə ˈfiːbɐ]

Ich habe Kopfschmerzen. ....
[ɪç ˈhaːbə ˈkɔp͡fˌʃmɛrt͡sn̩]

Ich habe Bauchschmerzen. ....
[ɪç ˈhaːbə ˈbau̯xˌʃmɛrt͡sn̩]

Ich habe Halsschmerzen. ....
[ıç ˈhaːbə halsˌʃmɛrt͡sn̩]

Ich habe Rückenschmerzen. ....
[ıç ˈhaːbə ˈrʏkn̩ˌʃmɛrt͡sn̩]

Ich habe Zahnschmerzen. ....
[ıç ˈhaːbə ˈt͡saːnˌʃmɛrt͡sn̩]

Ich habe Verstopfung. ....
[ıç ˈhaːbə fɛɐ̯ˈʃtɔp͡fʊŋ]

Ich habe Durchfall. ....
[ıç ˈhaːbə ˈdʊrçˌfal]

Ich habe eine Allergie. ....
[ıç ˈhaːbə ˈai̯nə ˌalɛrˈgiː]

Ich habe einen Ausschlag. ....
[ıç ˈhaːbə ˈai̯nən ˈau̯sʃlaːk]

die Apotheke
[diː apoˈteːkə]

....

das Krankenhaus
[das ˈkraŋkn̩ˌhaʊ̯s]

....

die Medizin
[diː mediˈt͡siːn]

....

der Arzt / die Ärztin
[deːɐ̯ aːɐ̯t͡st / diː ˈɛːɐ̯t͡stɪn]

....

der Zahnarzt / die Zahnärztin
[deːɐ̯ ˈt͡saːnˌʔaːɐ̯t͡st / diː ˈt͡saːnˌʔɛːɐ̯t͡stɪn]

....

der Augenarzt / die Augenärztin
[deːɐ̯ ˈaʊ̯gənˌʔaːɐ̯t͡st / diː ˈaʊ̯gənˌʔɛːɐ̯t͡stɪn]

....

der Krankenpfleger / die Krankenschwester
[deːɐ̯ ˈkraŋkn̩ˌp͡fleːgɐ / diː ˈkraŋkn̩ˌʃvɛstɐ]

....

der Krankenwagen
[deːɐ̯ ˈkraŋkn̩ˌvaːgn̩]

....

Gesundheit!

[gəˈzʊnthai̯t]

Tätigkeiten des Alltags

[ˈtɛːtɪçˌkaɪ̯tn̩ dɛs ˈalˌtaːks]

aufwachen [ˈaʊ̯fˌvaxn̩]

....

aufstehen [ˈaʊ̯fˌʃteːən]

....

sich die Zähne putzen
[zɪç diː ˈt͡sɛːnə ˈpʊt͡sn̩]

....

duschen [ˈduːʃn̩]

....

ein Bad nehmen
[aɪ̯n baːt ˈneːmən]

....

kochen [ˈkɔxn̩]

....

trinken [ˈtrɪŋkn̩]

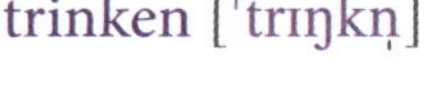

....

essen [ˈɛsn̩]

....

anschauen [ˈanˌʃaʊ̯ən̩]

....

schreiben [ˈʃraɪ̯bn̩]

....

lesen [ˈleːzn̩]

....

warten [ˈvartn̩]
....
treffen [ˈtrɛfn̩]
....
geben [ˈɡeːbn̩]
....
mögen [ˈmøːɡn̩]
....
tanzen [ˈtant͡sn̩]
....
lachen [ˈlaxn̩]
....
weinen [ˈvai̯nən]
....
gehen [ˈɡeːən]
....

telefonieren [teləfoˈniːrən]

....

Sport treiben [ʃpɔrt ˈtrai̯bn̩]

....

malen [ˈmaːlən]

....

beobachten [bəˈʔoːbaxtn̩]

....

singen [zɪŋən]

....

fotografieren [fotograˈfiːrən]

....

sich amüsieren [zɪç amyˈziːrən]

....

kaufen [ˈkaʊ̯fn̩]

....

verkaufen [fɛɐ̯ˈkaʊ̯fn̩]

....

arbeiten [ˈarbaɪ̯tn̩]

....

lehren ['leːrən]

....

lernen ['lɛrnən]

....

umarmen [ʊm'ʔarmən]

....

lieben ['liːbn̩]

....

küssen ['kʏsn̩]

....

heiraten ['haɪ̯raːtn̩]

....

Notfälle

[ˈnoːtˌfɛlə]

Wo ist die Toilette?

[voː ɪst diː to̯aˈlɛtə]

Ich muss zur Toilette gehen.

[ɪç mʊs tsuːɐ̯ to̯aˈlɛtə ˈgeːən]

Gibt es hier eine öffenliche Toilette?

[giːpt̥ ɛs hiːɐ̯ ˈaɪ̯nə ˈœfn̩tlɪçə to̯aˈlɛtə]

Ich muss sofort ins Krankenhaus.

[ɪç mʊs zoˈfɔrt ɪns ˈkraŋkn̩ˌhaʊ̯s]

....

Rufen Sie bitte die Polizei!

[ˈruːfn̩ ziː ˈbɪtə diː ˌpoliˈt͡saɪ̯]

Was sagen uns die Schilder?

[vas ˈzaːgn̩ ʊns diː ˈʃɪldɐ]

ACHTUNG1
[ˈaxtʊŋ]

....

BITTE NICHT STÖREN
[ˈbɪtə nɪçt ˈʃtøːrən]

....

GESPERRT
[gəˈʃpɛrt]

....

LEBENSGEFAHR
[ˈleːbn̩sgəˌfaːɐ̯]

....

UMLEITUNG
[ˈʊmˌlaɪ̯tʊŋ]

....

ANLIEGER FREI
[ˈanliːgɐ fraɪ̯]

....

PARKPLATZ
[ˈpark͵plat͡s]

....

EINBAHNSTRAẞE
[ˈai̯nbaːn͵ʃtraːsə]

....

UNBEFUGTEN IST
DER ZUTRITT VERBOTEN
[ˈʊnbə͵fuːktn̩ ɪst deːɐ̯ ˈt͡suːtrɪt fɛɐ̯ˈboːtn̩]

....

....

EIN-UND AUSFAHRT
TAG UND NACHT FREIHALTEN
[ai̯n ʊnt au̯sˈfaːɐ̯t
taːk ʊnt naxt ˈfrai̯͵haltn̩]

....

....

PARKEN VERBOTEN
[ˈparkn̩ fɛɐ̯ˈboːtn̩]

....

ACHTUNG SCHULE
[ˈaxtʊŋ ˈʃuːlə]

....

ZUTRITT NUR FÜR PERSONAL
[ˈt͡suːtrɪt nuːɐ̯ fyːɐ̯ pɛrzoˈnaːl]

....

FUßGÄNGERZONE
[ˈfuːsgɛŋɐˌt͡soːnə]

....

GEÖFFNET
[gəˈʔœfnət]

....

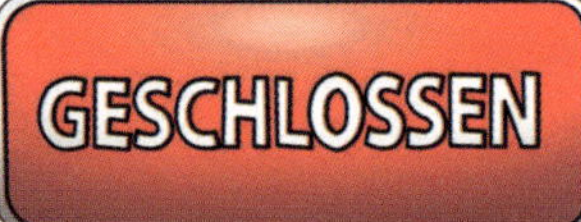

GESCHLOSSEN
[gəˈʃlɔsn̩]

....

DRÜCKEN
[ˈdrʏkn̩]

....

ZIEHEN
[ˈt͡siːən]

....

SELBSTBEDIENUNG
[ˈzɛlpstbəˌdiːnʊŋ]

....

RESERVIERT
[rezɛrˈviːɐ̯t]

....

DAMENTOILETTE
[ˈdaːməntoa̯ˌlɛtə]

....

HERRENTOILETTE
[ˈhɛrən toa̯ˌlɛtə]

....

FLUCHTWEG
[ˈflʊxtˌveːk]

....

NOTAUSGANG
[ˈnoːtʔaʊ̯sˌgaŋ]

....

Bravo!

[ˈbraːvo]

....

Hervorragend!

[geˈniaːl]

....

Super!

[ˈzuːpɐ]

....

Einwandfrei!

[ˈai̯nvantˌfrai̯]

....

[ˌkɔmpliˈmɛntə]

Wunderbar!

[ˈvʊndɐbaːɐ̯]

Herrlich!

[ˈhɛrlɪç]

[roˈmantɪʃəs]

Du bist sehr hübsch.

[duː bɪst zeːɐ̯ hʏpʃ] ....

Du hast schöne Augen.

[duː hast ˈʃøːnə ˈaʊ̯gn̩] ....

Du bist außergewöhnlich.

[duː ˈbɪst ˈaʊ̯sɐgəˌvøːnlɪç] ....

Ich mag dich sehr.

[ɪç maːk dɪç zeːɐ] ....

Ich liebe dich.

[ɪç ˈliːbə dɪç] ....

Ich liebe dich sehr.

[ɪç ˈliːbə dɪç zeːɐ] ....

Du bist so schön.

[duː ˈbɪst zoː ʃøːn]

Du bist wundervoll.

[duː ˈbɪst ˈvʊndɐˌfɔl]

....

Ich liebe dich.

[ɪç ˈliːbə dɪç]

Willst du mich heiraten?

[vɪlst duː mɪç ˈhaɪ̯raːtn̩]

Du bist bezaubernd.

[duː ˈbɪst bəˈt͡saʊ̯bɐnt]

Land und Leute

[lant ʊnt ˈlɔɪ̯tə]

Wenn du etwas über die Form und Gestalt des Landes Deutschland erfahren möchtest, ist es am einfachsten, einen Blick auf die Landkarte zu werfen. Wenn du etwas über die Menschen erfahren willst, wie sie denken, wie sie ihr Leben leben, dann ist der direkteste Weg, ein paar Sprichwörter des Landes kennenzulernen. Sie verraten, wie die Menschen des Landes „ticken".

Sprichwörter sind meist im Laufe von Jahrhunderten aus den Erfahrungen, aus den Denk- und Lebensweisen der Menschen vor Ort entstanden. Über die Sprache wurden sie von Alt zu Jung weitergegeben und mit ihnen auch das Gefühl und die Stimmung, die sie tragen. Hier einige wertvolle deutsche Sprichwörter:

Übung macht den Meister.
[ˈyːbʊŋ maxt deːn maɪ̯stɐ]

....

Erst denken, dann handeln.
[ɛrst ˈdɛŋkn̩ dan ˈhandl̩n]

....

Aus Schaden wird man klug.
[aʊ̯s ˈʃaːdn̩ vɪrt man kluːk]

....

Anfangen ist leicht, beharren eine Kunst.
[ˈanˌfaŋən ɪst laɪ̯çt bəˈharən ˈaɪ̯nə kʊnst]

....

Kümmere dich nicht um ungelegte Eier.
[ˈkʏmərə dɪç nɪçt ʊm ˈʊngəˌleːktə ˈaɪər]

....

Jetzt bist du bestens gerüstet für den ersten Kontakt mit der deutschen Sprache. Es bleibt mir nur noch, dir viel Freude und wunderbare Erfahrungen zu wünschen. Genieße die deutsche Sprache wie eine Köstlichkeit, die du dir auf der Zunge zergehen lässt. Dann wird sich das, was dir am Anfang vielleicht Angst gemacht hat, in pure Freude verwandeln.

PONS DEUTSCH
im Handumdrehen

von
Tien Tammada

Originaltitel: เยอรมันทันใจพูดได้ด้วยปลายนิ้ว เฑียร ธรรมดา

63/120 Moo 8, Tambon Saothonghin, Bangyai District,
Nonthaburi 11140 Thailand
E-Mail: leelaaphasa2008@gmail.com

1. Auflage 2024 (1,01 - 2024)

www.pons.de

Übersetzung: Ta Tammadien
Co-Übersetzung & deutsche Überarbeitung: Hubert Möller
Korrektur: Kidan Patanant, Klangjai Patanant
Illustrationen Innenteil: K. Kiattisak, Purmpoon Khamnuanta
Satz/Layout: Wachana Leuwattananon, Mienton Pantana
Bildnachweis Cover: Shutterstock/KUCO
Logoentwurf: Erwin Poell, Heidelberg
Logoüberarbeitung: Sabine Redlin, Ludwigsburg
Druck und Bindung: Publikum d.o.o.

ISBN 978-3-12-516391-1